MAPA POLÍTICO DE ESPAÑA

W0404450

MAPA FÍSICO DE ESPAÑA

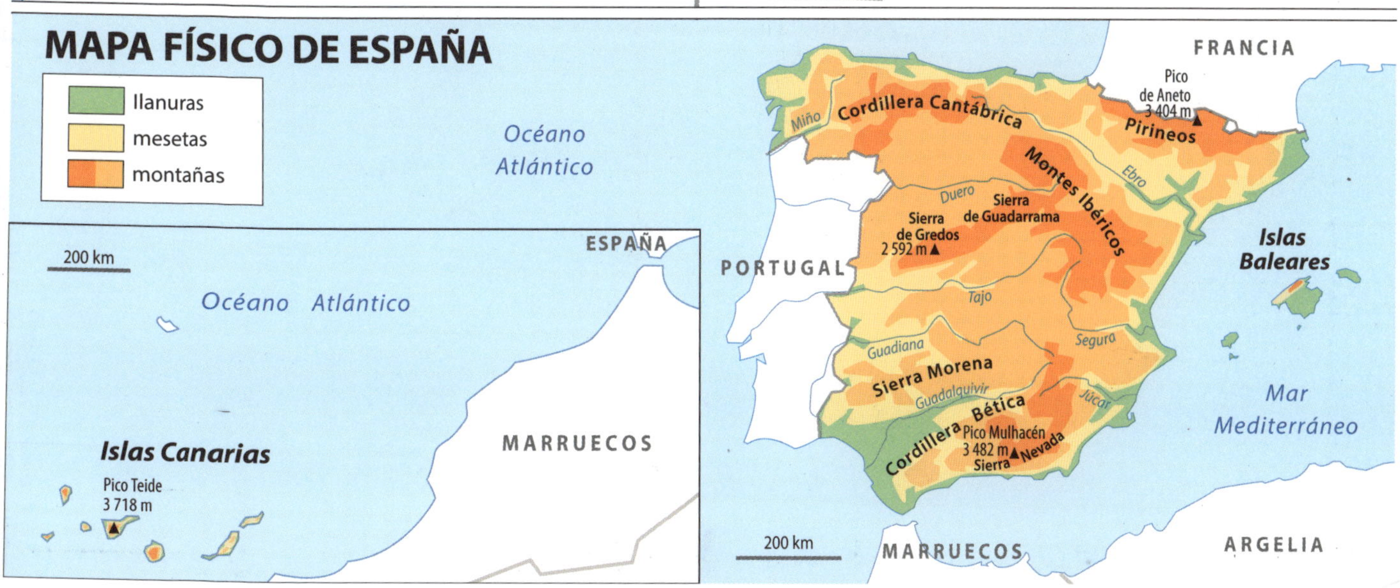

¡A mí me encanta!

Espagnol LV2 4e A1/A2

Sous la coordination de :
Michelle FROGER et **Anthony STRAUB**

Jean-Michel BARREAU
Professeur certifié
Académie de Nantes

Véronique DUMONT-LE BELLEC
Professeure certifiée
Académie de Paris

Michelle FROGER
Professeure certifiée
Académie de Versailles

Anthony STRAUB
Professeur certifié - Formateur
Académie de Lille

Avec la collaboration de :
María Isabel BECERRA CASTRO,
Isabelle DELHAYE, Jérôme DULOU,
Arnaud GAYCHET, Montserrat MARTÍNEZ GIMÉNEZ

hachette
ÉDUCATION

Remerciements

– L'éditeur et les auteurs remercient Mme Marylène Van Asten (collège-lycée Saint-Charles d'Athis-Mons, 91) pour sa relecture critique et ses conseils avisés, et les enseignants ayant participé aux tests de ce manuel.
– Les auteurs remercient M. Dimitri Saputa, formateur, professeur d'histoire-géographie et personne ressources TICE au collège Victor-Hugo de Harnes (62), pour ses précieux conseils.

Responsable de projet : Valérie Benet
Conception graphique couverture : Gabriel Rebufello
Conception graphique intérieur : Frédéric Jély
Correction langue et typographie : Luisa Lucuix
Iconographie : Federico Simonti, Valérie Benet
Illustrations : Marta Brú, Céline Pesle, Gabriel Rebufello, Nestor Salas, Virginie Vidal
Création des pages ***Descubro*, *Me divierto*, *Léxico*, *¡De fiesta!*, *Mis chuletas* et *El juego del repaso* :**
Gabriel Rebufello
Mise en page : Laëtitia G.-Pulicani pour Médiamax
Fabrication : Miren Zapirain
Photogravure : Reproscan
Enregistrements, montage et mixage : Quali'Sons
Cartographie des gardes : AFDEC

ISBN 978-2-01-462699-5
www.hachette-education.com

Avant-propos

Le manuel ***¡A mí me encanta! 4e LV2*** propose aux élèves de poursuivre l'apprentissage de l'espagnol initié en 5e. En gardant les points forts de la méthode et en proposant une pédagogie de projets, ce manuel sera un outil de travail précieux pour rendre les élèves acteurs de leur apprentissage et pour les motiver à atteindre le niveau A2 du CECRL.

Une méthode connue et efficace

Les unités, toujours composées de trois *Pasos*, permettent une progression logique et sont construites autour d'une thématique et d'une problématique fortes afin de mener l'élève vers la réussite du projet final. Les compétences langagières sont travaillées systématiquement via les rubriques *Leo y hablo, Escucho y escribo, Interactúo...)* afin que l'élève s'entraîne à manipuler une langue de communication.

Un ancrage culturel permanent

Les documents authentiques proposés, ainsi que la diversité des supports, plongeront les élèves dans la culture hispanique et les feront voyager et découvrir les us et coutumes des pays hispanophones.
Les pages *Descubro* inviteront les élèves à découvrir un aspect marquant de la culture espagnole ou latino-américaine en lien avec la thématique de l'unité.
Les pages *En voz alta* permettront, quant à elles, de partir à la découverte de la culture chantée ou récitée grâce à des chansons, des poèmes, des saynètes ou encore des proverbes d'auteurs hispaniques.

Une pédagogie de projet

Les six unités et les deux EPI du manuel s'inscrivent dans les quatre thèmes culturels des nouveaux programmes du cycle 4. Ces thèmes invitent l'élève à réfléchir et à devenir acteur de son apprentissage grâce à la réalisation de projets à découvrir dans les rubriques *Mi misión* et *Mi proyecto final*. Dans cette dernière rubrique, nous proposons désormais deux projets (en groupe et individuel) afin d'offrir une motivation supplémentaire aux élèves.

L'interdisciplinarité au cœur de l'apprentissage

Les liens avec d'autres disciplines (français, géographie, EMC, EPS, arts plastiques, langues vivantes) sont toujours au cœur de notre didactisation grâce à des ponts que nous établissons lors de l'étude de certains documents ou thématiques, mais aussi lors de la réalisation des EPI situés en fin de manuel.

L'intégration des parcours

Dans chaque unité, une page Parcours (citoyen, d'enseignement artistique et culturel ou avenir) a été créée pour amener l'élève à réfléchir sur les thèmes des Parcours mis en place dans les nouveaux programmes mais également lors de la réalisation des projets finaux ancrés dans l'un des parcours.

Le numérique, un outil indispensable

De nombreuses activités en lien avec le numérique invitent l'élève à utiliser des sites dont la plus-value pédagogique est soulignée.

Un accompagnement personnalisé des élèves

L'accompagnement personnalisé est au cœur de la méthode, avec des rubriques d'aide que l'élève peut utiliser à tout moment : *Ayuda, Memoriza, Y entrénate, ¡Fíjate!,* ainsi que des fiches *Méthodes et outils* situées en fin de manuel.
Une différenciation pédagogique est également proposée grâce à une didactisation différente dans le manuel et le cahier d'activités.

Une pédagogie ludique pour apprendre en s'amusant

Enfin, pour que l'apprentissage de l'espagnol continue d'être un plaisir, un large choix d'activités ludiques est proposé dans les pages *Me divierto*, *Léxico*, dans *El juego del repaso*, et également dans le cahier d'activités ou lors de la réalisation des différents projets.

Nous espérons que ce manuel vous enchantera et vous aidera à poursuivre l'apprentissage de l'espagnol avec plaisir et enthousiasme.

Les auteurs

Vidéos, chansons et sites Internet

Les pictos du manuel

- Écouter et comprendre
- Lire
- Parler en continu
- Réagir et dialoguer
- Écrire
- Enseignement moral et civique / Géographie — Croisements entre disciplines

- 30 CD1 — Document audio sur le CD classe
- 42 MP3 — Document audio à télécharger par l'élève sur http://complements-eleves.hachette-education.com
- P. 25 — Activités complémentaires dans le cahier d'activités
- LIEN SUR LE SITE — Lien Internet disponible à l'adresse http://complements-eleves.hachette-education.com
- VIDEO 3 — Les pictos vidéo avec un numéro renvoient au DVD pour la classe. Les pictos vidéo sans numéro renvoient à un lien Internet, disponible sur http://complements-eleves.hachette-education.com

MALIN !

Votre manuel connecté

Accédez facilement et rapidement aux ressources audio et vidéo de votre manuel papier !

Comment faire ?

1 *Téléchargez sur votre smartphone ou votre tablette l'application gratuite* onprint *sur Google play ou App Store*

2 *Repérez le picto sur le numéro de page de ce manuel papier*

3 *Flashez la page avec votre smartphone ou votre tablette, à partir de l'application* onprint

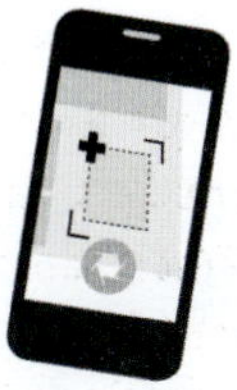

4 *Accédez immédiatement aux ressources liées à cette page : audio, vidéo et lien Internet.*

Si vous n'avez pas de smartphone ou de tablette, vous pouvez aussi accéder à ces ressources multimédia sur le site **http://complements-eleves.hachette-education.com**

Sommaire

Sommaire

Les thèmes culturels indiqués sont des dominantes

Enseignements pratiques interdisciplinaires

¡De fiesta!

El juego del repaso

5
¿Cuántos
años
tienes?
6
Calcula:
15-2=
ETAPA 1:
LIMA
7
Cuenta de
1 a 10
8
¿Dónde vives?
9
Cita 3 países de América Latina.
10
Recita el alfabeto.
A ñ Z
11
Pasa tu turno.
12
¿Cómo se llama tu profesor(a)?
13
¡Vuelve a la etapa 1!
ETAPA 2:
EL LAGO TITICACA
14
Deletrea la palabra: TABLETA.
15
Di los meses del verano.
16
Cita una palabra para saludar en español.
ETAPA 4:
LAS LÍNEAS DE NAZCA
29
Conjuga
ser
en presente de indicativo.
30
Cita una palabra para despedirte en español.
31
¿De qué color es la bandera de Perú?
32
Repite 5 veces:
Inka camina poco en Titicaca.
33
¿Cuál es tu asignatura preferida?

Mis chuletas

AP p. 122

2-9 CD1 2-9 MP3

Cuando necesito ayuda

Si hablo con el (la) profesor(a)

- –Por favor, ¿cómo se dice...?
- –¿Qué significa...?
- –¿Cómo se escribe...?

Si hablo con un(a) compañero(a) de clase

- –¿Sabes qué significa...?
- –¡Ayúdame, porfa!
- –¿Me puedes ayudar?

Para saludar

- –Hola, buenos días, buenas tardes.
- –¿Qué tal? ¿Cómo estás?

Si llego tarde

- –¡Lo siento por el retraso!

LA FECHA

LOS DÍAS DE LA SEMANA

lunes, martes, miércoles, jueves, viernes, sábado, domingo

LOS MESES DEL AÑO

enero, febrero, marzo, abril, mayo, junio, julio, agosto, septiembre, octubre, noviembre, diciembre

⚠ Martes, cinco de septiembre de 2017

Para dar mi opinión

- –Pienso/Creo que...
- –Me parece que...
- –(No) estoy de acuerdo...
- –¡Claro que sí/no!

Cuando no he entendido ¿?

No he entendido/comprendido...

...el ejercicio/la palabra/la frase/el audio/el texto/las instrucciones.

Si es con mi profesor(a)

- –Disculpe, ¿puede (usted) repetir?
- –Por favor, ¿puede (usted) explicar de nuevo...?

Si es con un(a) compañero(a) de clase

- –Disculpa, ¿puedes repetir?
- –¿Puedes hablar más alto?

COMUNICAR EN CLASE

–Por favor señor(a), ¿puedo...

- ... ir al baño/a la papelera?
- ... corregir?
- ... borrar la pizarra?
- ... abrir ≠ cerrar la ventana/la persiana?
- ... encender ≠ apagar la luz?

Para despedirme

- –Adiós, hasta luego/pronto.
- –Hasta mañana.
- –Buen fin de semana/finde.

Mi material escolar

1 De vuelta al cole

Nik (historietista argentino), *Gaturro*, 2016.

¿Qué material escolar coge Gaturro para ir al colegio?

- vacías: *vides*
- quería: *je voulais*

Je vais apprendre à

- Comprendre une présentation
- Présenter quelqu'un et me présenter
- Décrire et comparer des personnes
- Présenter un établissement scolaire
- Comprendre des règles

Je vais utiliser

- Le présent de l'indicatif des verbes réguliers et irréguliers
- La phrase interrogative
- Le genre et le nombre
- L'opposition
- L'obligation impersonnelle

Je vais découvrir

- L'univers de Mafalda (de Quino)
- Le monde de l'école en Espagne et en Amérique latine
- L'école et ses valeurs Parcours citoyen

Mi proyecto final

1. Creamos el folleto de presentación de nuestro colegio (por grupos).

2. Me presento a las elecciones de superdelegado(a) del colegio (individual). TICE

Mon objectif ▸ Comprendre une présentation

Vuelta a clase

1. LEO Y HABLO

Ayuda

CD1 11 · MP3 11

- equivoc**a**rse: *se tromper*
- grit**a**r: *crier*
- **o**tro(a): *un(e) autre*

Sara, la narradora, entra en el aula mientras su profesora, Mari Carmen, pasa lista.

—Me parece que aquí[1] hay un error. TÚ NO ESTÁS EN ESTA CLASE, SARA.

—Aquí pone[2] Sara —señalo la etiqueta.

—Sigue leyendo, por favor.

—Sa-ra Ble-cua. ¿¿BLECUA??, ¿¿¿¿BLECUA???? Tiene toda la razón, aquí claramente hay un error. ¡Han escrito mal mi apellido! —protesto.

No quiero enfadarme[3], pero esto es el colmo[4]. Con los años que llevo en este colegio han tenido tiempo de sobra para aprendérselo.

BER-LAN-GA.

—No, Sara, no lo han escrito mal, es que la Sara que se sienta aquí es esta[5].

María FRISA (escritora española),
75 consejos para sobrevivir en el colegio, 2016.

1. aquí: *ici* - 2. pone: *(ici) c'est écrit* - 3. enfadarme: *me fâcher* - 4. es el colmo: *c'est le comble* - 5. esta: *celle-ci*

1. **Identifica a los personajes y el lugar.**

2. **¿Cuál es el problema de Sara? Explica su reacción.**

3. **¿Por qué Sara piensa que hay un error?**

4. **El apellido de Sara es…**

5. **Elige la respuesta correcta:** en realidad, Sara Blecua es…

a. la alumna que está en la clase de Mari Carmen.

b. una alumna que se equivoca de clase.

2. ESCUCHO Y ESCRIBO

CD1 10 · MP3 10 · P. 3

Escucha la conversación y apunta la presentación de Sara: apellidos, edad, dirección, profesión de los padres, números de teléfono y correo electrónico. Después, preséntala.

Memoriza…

La phrase interrogative [p. 24]

– Mot interrogatif + verbe + sujet

¿Dónde vive Sara?

– Verbe + (sujet) + complément

¿Pide (la profesora) información?

La traduction de « il y a » : *hay*

Hay un error. Il y a une erreur.

… y entrénate

Escribe las preguntas correspondientes.

a. Se llama Víctor.

b. Tengo trece años.

c. Vivo en Madrid.

d. Estoy bien.

e. Son mis amigas.

f. Hablamos español.

g. La vuelta al cole es el primero de septiembre.

Me llamo Chala

1. OBSERVO, LEO Y HABLO

Fotograma de la película cubana *Conducta* (2014), de Ernesto Daranas.

Chala es un niño cubano de 11 años que vive en La Habana. Tiene una vida personal complicada y difícil pero le gusta estudiar en el cole. Es un alumno atento que siente cariño y respeto por Carmela, su maestra de sexto grado.

1. **Presenta al protagonista (nombre, edad, lugar de residencia y nacionalidad).**
2. **Describe el ambiente de clase.**
3. **¿Es buen alumno el protagonista? ¿Cómo se lleva con su maestra?**
4. **Cita la particularidad de esta clase.**
5. **¿Estás a favor o en contra del uniforme? ¿Conoces otros países donde los alumnos llevan el uniforme?** Anglais

Ayuda 12 CD1 12 MP3

- llevarse bien/mal: *s'entendre bien/mal*
- a veces: *parfois*
- atento(a): *attentif(ve)*
- el maestro/la maestra
- el cariño: *la tendresse*
- el respeto: *le respect*
- el aula: *la salle (de classe)*

2. HABLO

A ver si tienes una memoria de elefante…
Cierra el libro y presenta a Chala de memoria.
Voy a presentar a Chala…

¡Fíjate!

À Cuba, comme dans de nombreux pays d'Amérique latine, le port de l'uniforme à l'école, même publique, est obligatoire.

Memoriza

Le présent de l'indicatif [p. 24]

llamarse: me llamo, te llamas, se llama, nos llamamos, os llamáis, se llaman
tener: tengo, tienes, tiene, tenemos, tenéis, tienen
ser: soy, eres, es, somos, sois, son

***Ser* + nationalité/origine**

Chala es cubano/es de Cuba.

→ Me entreno p. 24

Mi misión TICE

Me presento en la pared en línea de mi clase

Utilizo: el presente de indicativo, *ser* + nacionalidad, el léxico de la presentación.

Conéctate al *Padlet* de tu clase, pon tu foto y escribe tu presentación (nombre, apellido, edad, lugar de residencia…).

Mis compañeros de clase

1. OBSERVO, ESCUCHO Y ESCRIBO

13 CD1 13 MP3 P. 6

Mural en Buenos Aires (Argentina).

Observa a los personajes, escucha las descripciones y contesta a las preguntas.

a. ¿Quién es quién? Apunta la descripción de los personajes (el físico, el pelo, la ropa).

b. ¿Quién es el hermanito de Mafalda? Descríbelo por escrito.

Ayuda

14 CD1 14 MP3

- **a**lto(a) ≠ b**a**jo(a)
- el p**e**lo al cep**i**llo: *les cheveux en brosse*
- g**o**rdo(a) ≠ delg**a**do(a)
- la r**o**pa: *les vêtements*
- un m**o**no: *une salopette*
- un vest**i**do: *une robe*
- un jers**e**y: *un pull*
- **u**na chaqu**e**ta: *une veste*
- **u**na c**i**nta: *un ruban*

2. INTERACTÚO

Describe a uno de los personajes y tu compañero(a) adivina quién es.

Alumno(a) 1: *Es alta y rubia, ¿quién es?*

Alumno(a) 2: *Es…*

Memoriza…

La description : *ser* + adjectif
La chica es rubia. / El chico es gordito.

L'appartenance : *tener* + nom
Tiene una cinta roja.

Décrire la tenue vestimentaire : *llevar* + nom
Lleva una camisa blanca y un jersey verde.

… y entrénate

¿*Ser*, *tener* o *llevar*? Completa con el verbo correcto y conjúgalo.

a. Su amiga …… morena.
b. Hoy no (yo) …… un jersey verde.
c. Ellas …… el pelo rubio.
d. No (nosotros) …… altos.

¿Qué tipo de alumn@ eres?

1. OBSERVO, LEO Y HABLO

1. Lee los textos y asócialos a los personajes.

1 No le preocupa la ropa (porque hay cosas más inteligentes en las que pensar). Ama[1] los suéteres[2], blusas y camisas de vestir como de hombre.
El pantalón de vestir *beige* es su *hit*.

1. ama = le gusta (*elle aime*) - 2. un suéter = un jersey

2 Lo piensa 10 mil veces antes de acercarse[1] y cuando llega no sabe qué decir.
Es buenísimo en la escuela.
Solo se enoja[2] cuando todos le quieren copiar o cuando le salió una nota mal en sus clases de violín.

1. acercarse: *s'approcher* - 2. se enoja: *se met en colère*

3 Usa el ya tradicional zapato escolar y calcetas[1]. Cuando la invitan a alguna fiesta de disfraces[2], seguro va con su uniforme de la escuela.

1. calcetas = calcetines: *chaussettes* - 2. disfraces: *déguisements*

4 Medio tristón, melancólico y supersensible. Usa pantalones bien chiquitos[1] y bien pegaditos[2].

1. chiquitos: *justes* - 2. pegaditos: *collants, ajustés*

Adaptado de *Quiúbole con…*, Gaby Vargas y Yordi Rosado (autores mexicanos), 2009.

Ayuda 15 CD1 15 MP3

- **u**na bl**u**sa: *un chemisier*
- un b**o**lso: *un sac*
- col**e**tas: *des couettes*
- **u**na c**o**la de cab**a**llo: *une queue de cheval*
- el est**i**lo: cl**á**sico, mod**e**rno, eleg**a**nte, deport**i**vo, rom**á**ntico

2. Di si es verdadero o falso. Justifica tus respuestas.

a. La chica de las coletas usa el uniforme, pero la otra se preocupa más por su ropa.
b. El chico rubio es tímido mientras que el chico moreno es muy sensible.
c. La chica con gafas viste con colores vivos; en cambio, la colegiala es más tradicional.

2. ESCRIBO

Un personaje de tu elección se describe y se compara con uno de sus compañeros. Escribe tres frases.

Soy… pero…/mientras que…/en cambio…

¡Fíjate!
En espagnol, on utilise parfois @ pour signifier que le mot peut être féminin et masculin : o et a = @

Memoriza

Le genre (masculin – féminin) [p. 25]
un alumno/una alumna *español/española*

L'accord : nom + adjectif
Lleva una falda roja. *Tiene gafas rojas.*

L'opposition
pero: mais
mientras que: tandis que, alors que
en cambio: en revanche, par contre

→ Me entreno p. 25

Mi misión

Invento y describo una nueva categoría de alumno(a).

Utilizo: el vocabulario de la descripción, los vestidos, los colores, la oposición.

Con la técnica del *collage* (foto y/o dibujo), presenta y describe a la clase otro tipo de alumno(a).

Un colegio original

1. ME CONECTO, LEO Y HABLO TICE P. 9

Conéctate a la página del MIT School, sigue las etapas para descubrir este colegio de Málaga y contesta a las preguntas. LIEN SUR LE SITE

Ayuda 17 CD1 17 MP3
- un idioma = una lengua
- un lago: *un lac*
- un terreno polideportivo
- un taller: *un atelier*
- una pizarra digital interactiva: *TBI*
- el mundo laboral: *le monde du travail*
- el bachillerato: *le baccalauréat*

1. **Completa el mapa mental para presentar el colegio.** AP p. 124

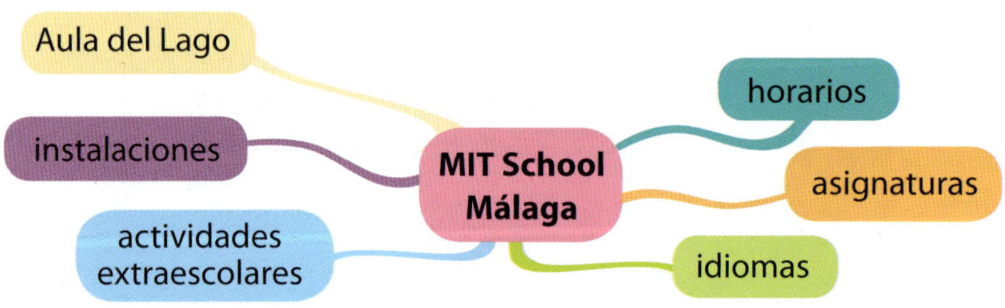

2. **¿Te gustaría estudiar en este colegio? Justifica.**
Me gustaría… No me gustaría…

2. ESCUCHO Y ESCRIBO 16 CD1 16 MP3 P. 11

1. **Escucha la presentación del colegio Santa Susana de Madrid y completa la tabla en tu cuaderno.**

2. **¿Piensas que este colegio es más original que el colegio MIT de Málaga?**

horarios	………
alumnos (edad)	………
asignaturas	………
actividades escolares	………

Memoriza…

Dire l'heure :
***Ser* + article + chiffre de 1 à 12**
Es la una y cuarto de la mañana.
Son las cuatro y media de la tarde.
Son las diez menos cuarto de la noche.

Demander l'heure
¿Qué hora es?

… y entrénate

1. ***¿Es* o *son*? Completa con la forma y el artículo correctos.**
a. …… …… una y media.
b. …… …… doce menos cinco.
c. …… …… medianoche.

2. **Escribe las horas en letras.**

a. 8:30	**c.** 12:15	**e.** 16:40	**g.** 20:00
b. 10:35	**d.** 13:05	**f.** 18:55	**h.** 22:10

Paso 3

¿Hay que respetar las reglas?

1. VEO Y HABLO

VIDEO 1 P. 12

Ve el vídeo y contesta a las preguntas. Justifica tus respuestas.

Fotograma de la película *Zipi y Zape y el club de la canica* (2013), de Óskar Santos.

a. Presenta el documento: personajes, lugares de la acción, tema.

b. ¿Por qué el chico está solo en el aula?

c. Describe al director y al vigilante del colegio. Elige en esta lista de adjetivos: *simpáticos, estrictos, malos, justos.*

d. El colegio se parece a…

e. ¿Piensas que la actitud de los alumnos en el comedor es responsable y respetable? Enseignement moral et civique

Ayuda 18 CD1 18 MP3

- estar castigado(a): *être puni(e)*
- un dormitorio: *un dortoir*
- tener miedo: *avoir peur*
- pitar: *siffler*
- estar aterrorizado(a): *être effrayé(e)*
- despertar [ie]: *réveiller*
- un cuartel militar: *une caserne militaire*
- desperdiciar la comida: *gaspiller la nourriture*
- burlarse de alguien: *se moquer de quelqu'un*

2. INTERACTÚO

Di a tu compañero(a) lo que piensas de las reglas de este colegio.

Alumno(a) 1: *Pienso que los alumnos deben…*

Alumno(a) 2: *Yo creo que no hay que…*

Memoriza

L'obligation impersonnelle :
***hay que* + infinitif (il faut + infinitif)**
Hay que estudiar en clase.

L'obligation personnelle (morale) :
***deber* + infinitif**
Los alumnos deben escuchar al profesor.

La phrase négative : *no* + verbe
Los alumnos no deben hablar en clase.

Mi misión

Escribo las reglas de la clase de español

Utilizo: el léxico del colegio, la obligación impersonal, la negación.

Escribe la lista de reglas de tu clase de español y ponla en el aula para que tus compañeros la respeten.

En clase de español, (no) hay que…

El rincón de la canción

19 CD1

Rumbo al colegio

Hola, me llamo Javier.
Yo soy mexicano
y soy un alumno.
Tengo unos 15 años,
te voy a contar cómo es mi mundo.

Estribillo
Oh oh oh oh oh,
rumbo al colegio, rumbo al colegio. *(bis)*

Dicen mis profesores que soy muy bueno
porque siempre ayudo.
Quiero sacar buenas notas
para más tarde tener buen trabajo.

(Estribillo)

Y a despertar, desayunar, caminar rumbo al colegio.
Y a estudiar, trabajar, también charlar con los amigos…

Letra, música e interpretación: Sergio LÓPEZ (Ola Rumba), 2016.

1. Escucha la canción y presenta a Javier.

2. Pon en orden los dibujos y cuenta la jornada de Javier:

a.

b.

c.

d.

e.

3. ¿Cómo es Javier? Justifica.

4. Te toca a ti: ¡a cantar!

Taller de poesía

20 CD1

Vuelta a la escuela

Cual bandada de palomas
que regresan al vergel[1],
ya volvemos a la escuela
anhelantes[2] del saber.
Ellas vuelven tras el grano[3]
que las ha de sustentar,
y nosotros tras la idea
que es el grano intelectual.

Saludemos nuestra escuela
con cariño[4] y gratitud,
que ella guarda el faro[5] hermoso
que la mente[6] baña en luz.

Ni un momento la olvidamos
en los meses de solaz[7];
nunca olvida la paloma
su querido palomar[8].

Virgilio DÁVILA CABRERA (poeta puertorriqueño), 1869-1943.

1. al vergel: *au verger* - **2.** anhelantes: *désireux* - **3.** el grano: *le grain* - **4.** cariño: *tendresse* - **5.** el faro: *le phare* - **6.** la mente: *l'esprit* - **7.** solaz: *détente ; (ici) les vacances* - **8.** palomar: *colombier* (*nid*)

1. Escucha el poema y preséntalo.

2. ¿Con qué animal compara el poeta a los alumnos?

3. Elige la(s) respuesta(s) correcta(s) y justifica.
a. Según el poeta, ¿cómo son los alumnos?
Quieren aprender./No quieren estudiar./Les gusta la escuela.
b. ¿Cómo es la escuela?
Es un lugar inseguro/protector/un lugar que guía a los alumnos.

4. ¡Aprende el poema y recítalo!

¿Qué alumn@ eres?

¿Qué tipo de alumno(a) eres? ¡¡Descúbrelo con este test!!

1 Las clases empiezan a las ocho y media. ¿A qué hora llegas al colegio?
- **a.** ▲ A las nueve menos veinticinco.
- **b.** ● A las ocho y cuarto.
- **c.** ★ A las ocho y veinticinco.

2 ¿Cuáles son tus asignaturas preferidas?
- **a.** ● Las ciencias, el francés y la historia.
- **b.** ▲ No tengo asignaturas preferidas.
- **c.** ★ Prefiero el español y la música.

3 ¿Qué día de la semana prefieres?
- **a.** ▲ El domingo, porque no tengo clase.
- **b.** ★ El miércoles, porque solo tengo clase por la mañana.
- **c.** ● El viernes, porque tengo mis asignaturas favoritas.

4 Si terminas el cole a las cinco, ¿a qué hora haces los deberes?
- **a.** ★ Hago los deberes de seis a siete.
- **b.** ▲ Hago los deberes antes de dormir... ¡si tengo tiempo!
- **c.** ● Hago mis deberes a partir de las cinco y media.

5 ¿Qué escriben tus profesores en tus deberes?
- **a.** ● ¡Muy bien! ¡Excelente!
- **b.** ▲ ¡Muy mal!
- **c.** ★ Hay que mejorar.

Resultado

➜ Si tienes una mayoría de ▲, no te gusta mucho el colegio y no estudias bastante. ¡Tienes que hacer más esfuerzos para sacar buenas notas!

➜ Si tienes una mayoría de ★, eres un(a) alumno(a) bastante bueno(a), que se esfuerza, pero tienes que ser más constante y más organizado(a).

➜ Si tienes una mayoría de ●, eres el (la) alumno(a) perfecto(a). Estudias mucho y tienes resultados muy buenos. ¡Sigue así!

Adivinanzas extraescolares

Encuentra de qué actividad extraescolar se trata.

1. Hay que ser un buen actor para tener el mejor papel de la representación.
2. Puede ser de diferente tipo: clásico, moderno o contemporáneo.
3. Hay que utilizar buenos pinceles si quieres hacer lo mismo que Picasso.
4. Sin libros, esta actividad no puede existir.

¿Quién es la señora Viña Crespo?

La profesora de español, la señora Viña Crespo, se esconde en este grupo de profesores. Deduce quién es sabiendo que lleva un jersey negro, pantalones azules y una camisa blanca. También es alta y delgada con el pelo largo y moreno. Tiene ojos azules.

Parcours citoyen

Escuela y valores

1. ¿EL FIN JUSTIFICA LOS MEDIOS?

VIDEO 2

Fotograma de la serie televisiva *El internado* (2007-2010), de Daniel Écija.

Ayuda 21 CD1 19 MP3

- el espíritu: *l'esprit*
- ¡yo paso!: *(ici) sans moi !*
- una persona sensata: *une personne sensée*
- comprometerse: *s'engager*
- superarse: *se surpasser*
- leal: *loyal(e)*
- conseguir [i]: *réussir*
- el sentido: *le sens*

Primera parte del vídeo

1. **Al principio, ¿por qué les dice el profesor a los alumnos que tienen que convertirse en líderes, en triunfadores?**
2. **¿Todos los alumnos están de acuerdo?**
3. **Imagina la continuación.**
   Pienso que… / Creo que…

Segunda parte del vídeo

1. **¿Cómo reacciona el profesor?**
2. **Busca el (los) intruso(s):** Para el profesor, un alumno debe ser competitivo, íntegro, leal, humano, bueno, el mejor.
3. **Explica por qué la actitud del profesor es sorprendente.**

2. Y TÚ, ¿QUÉ OPINAS?

¿Qué valores debe tener un(a) alumno(a) en la escuela? Observa la nube de palabras, enumera los cinco valores que te parecen más importantes y explica si es fácil aplicarlos.

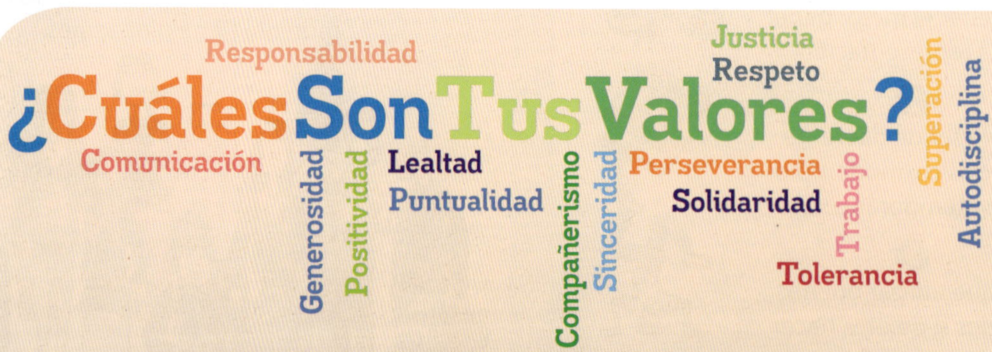

De camino a la escuela...

Descubro

En México

En la montaña de Guerrero, para tener al derecho a la educación hay que recorrer[1] un largo camino: los niños de la comunidad de Buena Vista deben caminar[2] una hora, cruzando ríos, para llegar al centro educativo de Cacalotepec. El camino es muy duro para ellos, pero nunca renuncian a la clase, incluso cuando llueve.

1. recorrer: *parcourir* 2. caminar: *marcher*

El camino a la escuela, México.

Colgados a 200 m del suelo en Colombia, © Christoph Otto.

En Colombia

En una región de Colombia, hemos visto a un grupo de chavales ir solos, por supuesto, pero colgados[1] a 200 metros del suelo. Entre la aldea[2] y la escuela se interpone un profundo cañón, así que cruzan cada día, a la ida y a la vuelta, por un cable tensado de orilla a orilla[3] con la ayuda de una polea[4] rudimentaria y una cuerda a modo de arnés.

http://blog.rtve.es

1. colgados: *suspendus* 2. la aldea: *le village*
3. orilla: *bord/rive* 4. una polea: *une poulie*

En Perú

¡Descubre la voluntad de hierro[1] que tienen los niños de las islas Uros del lago Titicaca en Perú!

1. hierro: *fer*

Camino a la escuela, una película de Pascal Plisson, 2013.

En Argentina **18 km / 1h30**

Carlitos tiene 11 años. Dos veces al día, recorre más de 18 kilómetros a caballo con su hermana menor, cruzando montañas y grandes llanuras[1] de una de las regiones más inhóspitas de la Patagonia argentina, soportando las inclemencias del tiempo.

1. llanuras: *plaines*

Lee los textos, ve los vídeos y contesta a las preguntas.

1. **Elige un grupo de alumnos y explica cómo van a la escuela: medio de transporte, duración del camino, dificultades encontradas.**
2. **¿Cómo puedes calificar a estos alumnos? Elige en esta lista:** *valientes - heroicos - rigurosos - locos.*
3. **Para ti, ¿qué camino es el más difícil? ¿Y el más fácil? Justifica.**
4. **Y tú, ¿cómo vas al cole?**

Utilizo

→ Banco de ejercicios p. 135

1 Le présent de l'indicatif des verbes réguliers

Observo

	-AR	-ER	-IR
	hablar	**aprender**	**vivir**
yo	hablo	aprendo	vivo
tú	hablas	aprendes	vives
él/ella/usted	habla	aprende	vive
nosotros(as)	hablamos	aprendemos	vivimos
vosotros(as)	habláis	aprendéis	vivís
ellos/ellas/ustedes	hablan	aprenden	viven

Comprendo

- *Au présent de l'indicatif, la 1re personne du singulier est toujours en -o.*
- *Les trois groupes verbaux ont une voyelle finale différente (-a, -e et -i) mais, **attention**, les verbes en -ER et en -IR se ressemblent beaucoup. **Seules sont différentes la 1re et la 2e personne du pluriel.***

Me entreno

1. Conjuga los verbos en presente de indicativo.

a. (Hablar/yo) español.
b. Sara (vivir) en Madrid.
c. (Conversar/nosotros) con la profesora.
d. (Escribir/vosotras) la lección.
e. (Aprender/tú) en la escuela.
f. (Cantar/ellos) muy bien.

¡Fíjate!

Rappel : Contrairement au français, en espagnol, on met le pronom personnel sujet devant le verbe uniquement pour insister.
Yo vivo… Moi, j'habite…

2 Le présent de l'indicatif de *ser, tener, llamarse*

Observo

	ser	tener	llamarse	
yo	soy	tengo	me	llamo
tú	eres	tienes	te	llamas
él/ella/usted	es	tiene	se	llama
nosotros(as)	somos	tenemos	nos	llamamos
vosotros(as)	sois	tenéis	os	llamáis
ellos/ellas/ustedes	son	tienen	se	llaman

Me entreno

2. Conjuga los verbos en presente de indicativo.

a. Mari Carmen (ser) la profesora.
b. (Tener/yo) once años.
c. (Llamarse/ella) como tú.
d. Carlos y yo (ser) alumnos.

3. Pon el verbo correcto en las frases siguientes.

a. Ana ...... dos apellidos.
b. Su padre ...... mecánico.
c. (Tú) ...... José.
d. (Ellos) ...... María y Julio.

3 La phrase interrogative

Observo

Me entreno

4. Escribe las preguntas correspondientes.

a. —Me llamo Chala.
b. —Eres alta y delgada.
c. —Mi cumple es el 10 de mayo.
d. —Tengo tres mascotas.
e. —Vivimos en Barcelona.
f. —Son mis padres.
g. —No tengo hermanas.
h. —Hablamos inglés.
i. —Es tu profesora.

4 Le genre (masculin – féminin)

Observo

un amigo → una amiga
el profesor → la profesora
el futbolista → la futbolista
un cantante → una cantante

¡OJO! *Les mots terminés par -e et -ista ont la même forme au masculin et au féminin.*

Me entreno

5. Escribe en femenino: un alumno, un niño, un maestro, otro, el profesor.

6. Escribe en masculino: la señora, una estudiante, una tenista, una cantante.

5 Le nombre (singulier – pluriel)

Observo

el cuaderno → los cuadernos
la clase → las clases
Tengo un cuaderno. → Tengo Ø cuadernos.
Soy marroquí. → Somos marroquíes.
Es un chico español simpático. → Son Ø chicos españoles simpáticos.

Me entreno

7. Completa con el artículo *el*, *la*, *los* o *las*.

a. ...... profesora
b. ...... alumnos
c. ......maestras
d. ...... apellido

8. Completa con *un*, *una* o *Ø*.

a. ...... profesores
b. ...... camisa
c. ...... compañero
d. ...... colegios

9. Escribe en plural o en singular.

a. un amigo genial
b. chicos amables
c. profesores españoles
d. el rey de España
e. niñas rubias
f. un libro interesante

¡A pronunciar!

Comprendo

*L'accentuation donne son rythme et sa musique à la langue espagnole. Quand on prononce un mot, on appuie davantage sur une syllabe (plus particulièrement sur la voyelle). On dit que les mots portent un **accent tonique**.*

Les règles d'accentuation en espagnol

*Les mots terminés par une **voyelle**, **-n** ou **-s** sont accentués sur l'avant-dernière syllabe.*

ES-PA-ÑO-LA

*Les mots terminés par une **consonne**, sauf **-n** et **-s**, sont accentués sur la dernière syllabe.*

ES-CO-LAR

Les mots qui ne suivent pas ces deux règles sont irréguliers et portent un accent écrit sur la voyelle de la syllabe accentuée.

MÉ-XI-CO

Me entreno

22 CD1

1. Escucha y repite las palabras.

2. Escucha y di cuál es la sílaba tónica de cada palabra.

escuela • horario • colegio • actividad • idioma • lugar • acción • estudiar • película • compañera

¡De vuelta al cole!

Me presento

- el nombre
- el apellido, los apellidos
- el lugar de nacimiento
- la fecha de nacimiento
- la edad
- el domicilio, la dirección
- la nacionalidad
- el idioma
- el correo electrónico
- el móvil

Mi material escolar

- la mochila
- la agenda
- el libro
- el cuaderno
- la hoja
- el estuche
- el bolígrafo, el boli
- el lápiz
- el rotulador
- las tijeras
- la goma

En el aula

- la pizarra
- la pizarra digital interactiva
- la tiza
- la mesa, el pupitre
- la silla
- la papelera

Me describo

Ser...

- alto(a)
- bajo(a), bajito(a)
- delgado(a)
- gordo(a), gordito(a)
- rubio(a)
- moreno(a)
- pelirrojo(a)
- castaño(a)

Tener...

- **el pelo:** corto, largo, rizado, liso, al cepillo
- **los ojos:** verdes, azules, marrones, negros, claros, oscuros

La ropa que llevo

- una camiseta
- una chaqueta
- gafas (de sol)
- zapatos
- un vestido
- una falda
- un jersey
- vaqueros
- un chándal
- una gorra
- una bufanda

y los colores

- **azul**
- **rojo**
- **marrón**
- **amarillo**
- **verde**
- **violeta**
- **gris**
- **negro**
- **blanco**
- **rosa**
- **naranja**

1 Relaciona las palabras siguientes con las palabras de la ficha.

español • Marta • 13 años • 15 de abril • Madrid • González Pérez • 13 calle Ribera

Ejemplo: español → la nacionalidad

2 Di un adjetivo y tu compañero(a) da el adjetivo contrario. Luego, cambiad.

3 Observa los dibujos. Tu compañero(a) te enseña uno y dices qué prenda es. Luego, cambiad los papeles.

4 Deletrea una palabra al revés y tu compañero(a) dice la palabra en español y en francés. Cambiad los papeles.

Me autoevalúo

Écouter et comprendre

23 CD1
20 MP3

1 Escucha y contesta a las preguntas.

1. ¿Cuándo empieza el año escolar para los alumnos de secundaria y de bachillerato?

2. Pon en orden los valores del colegio: la disciplina - la consideración con las ideas ajenas - el respeto a los demás - la tolerancia.

3. Busca el intruso en las actividades: la equitación - la música - la ética - el teatro - los idiomas.

Lire

2 Lee el texto y contesta a las preguntas.

Efectivamente, en cuanto[1] se abre la puerta de clase, veo sentada a Rebeca, con Vicky y Noelia. Y el profesor es… ¡Oh, no, es EMILIO!
Emilio es de los que se pasan el día con que tenemos que[2] PONERNOS LAS PILAS[3], que tenemos que salir preparados del colegio. De esos a los que parece que les pagan dos euros por cada ejercicio que mandan[4] a los pobres alumnos. Debe de ser millonario…
¡Oh, no, EMILIO!

María FRISA (escritora española),
75 consejos para sobrevivir en el colegio, 2016.

1. en cuanto : *dès que* - 2. tenemos que: *nous devons* - 3. ponernos las pilas: *(fam.) nous bouger* - 3. mandar: *envoyer ; (ici) demander*

1. Presenta el texto (lugar, momento, personajes).

2. ¿Quién es Emilio?

3. Explica por qué los alumnos tienen que ponerse las pilas.

4. ¿Emilio te parece ser un buen profesor?

Réagir et dialoguer

3 Eres nuevo(a) en clase; tu compañero(a) te hace preguntas para conocerte mejor.

Alumno(a) 1: *¿Cómo te llamas?*
Alumno(a) 2: *Me llamo…*
Alumno(a) 1: *¿Dónde…?*

Parler en continu

4 Presenta y compara a dos compañeros de clase (físico, estatura, vestidos y más si puedes). Al final, di quiénes son.
Es…, tiene… mientras que… / pero… / en cambio…

Écrire

5 Escribe un anuncio para encontrar amigos. Saludas, te presentas y te describes. Puedes ser sincero(a), ¡o inventar!

Découvrir des aspects culturels

6 Explica las diferencias entre el horario escolar español y el francés.

Je suis capable…

A1+

1 … de comprendre les règles d'un collège.
2 … de comprendre un texte qui présente une personne.
3 … de demander et de donner des informations personnelles.
4 … de décrire des personnes et les comparer.
5 … d'écrire un texte pour me présenter.
6 … de comparer les horaires de classe espagnols et français.

Mi proyecto final

Por grupos: Creamos el folleto de presentación de nuestro colegio

Parcours citoyen

Instrucciones

- **ETAPA 1:** constituir grupos de dos o tres alumnos.
- **ETAPA 2:** en un borrador *(brouillon)*, presentar el colegio: lugares, horario, asignaturas, actividades extraescolares, presentación y descripción de los profesores, reglas.
- **ETAPA 3:** realizar el folleto de presentación del colegio y añadir fotos e ilustraciones.
- **ETAPA 4:** exponer el folleto en la biblioteca del colegio.

Material necesario

Cartulina y papel, lápices o rotuladores de colores, tijeras y pegamento, una regla.

Objectifs :
- Je présente un établissement scolaire.
- Je réalise une brochure illustrée.

J'utilise : le présent de l'indicatif, le lexique de l'école, de la description, *hay* (il y a), l'obligation personnelle (morale) et impersonnelle.

Individual: Me presento a la elección de superdelegado(a) del colegio

TICE Parcours citoyen

Instrucciones

- **ETAPA 1:** realizar un vídeo de presentación: presentarse y describirse.
- **ETAPA 2:** hablar de actividades originales para el colegio.
- **ETAPA 3:** presentar las cinco reglas que hay que respetar en el colegio.
- **ETAPA 4:** montar el vídeo con Movie Maker.
- **ETAPA 5:** publicar el vídeo en la web del colegio para ser el (la) superdelegado(a) de los compañeros (opcional).

Material necesario

Una cámara, una tableta o un móvil y un ordenador con el programa Movie Maker.

Objectifs :
- Je me présente.
- Je me décris.
- Je parle d'activités originales et de règles à respecter au sein du collège.

J'utilise : *llamarse, ser, tener,* le lexique de la description, de l'école, l'obligation impersonnelle, l'obligation morale (*deber*).

2 ¡A divertirse!

Antonio BERNI (pintor argentino), *La gallina ciega*, 1972.

¿Qué elementos permiten decir que los personajes se divierten?

Je vais apprendre à

- Comprendre et parler des loisirs
- Comprendre et exprimer ses goûts et ses préférences
- Comprendre des projets
- Se donner rendez-vous

Je vais utiliser

- L'expression de l'habitude : *soler* + infinitif
- Le verbe *gustar*
- Le futur proche
- Les verbes à diphtongue et à affaiblissement
- Le présent progressif

Je vais découvrir

- La ville de Madrid
- Le *Güegüense* et la *rumba*
- *La Tomatina*

Parcours artistique et culturel

Mi proyecto final TICE

1. Organizamos un fin de semana entre amigos en una ciudad española (por grupos).

2. Creo un vídeo para ganar un concurso e irme a estudiar un mes a España (individual).

¡Vaya programa!

1. OBSERVO Y HABLO

1. Los carteles anuncian…
2. Observa el cartel de la izquierda y presenta tres actividades (horario y deporte).
3. ¿Qué tipo de película es *Palmeras en la nieve?* Justifica.
4. El tour Terral 2016 de Pablo Alborán pasa por: Asia/Europa/América Latina. Justifica.

Ayuda 25 CD1 22 MP3

- practic**ar** una activid**ad**
- j**u**gar [**ue**] al ajedr**ez**: *jouer aux échecs*
- el balonc**e**sto: *le basket-ball*
- los enamor**a**dos: *les amoureux*
- abraz**a**rse: *s'enlacer*
- un conci**e**rto: *un concert*

2. ESCUCHO Y HABLO

24 CD1 21 MP3 P. 16

Pablo y Luz, dos amigos, se encuentran a la salida del gimnasio. Escucha su conversación y contesta a las preguntas.

a. Hablan de: actividades extraescolares/una obra de teatro/deportes extremos.

b. ¿Qué actividades suelen practicar?

c. Di por qué a Luz le gustan los deportes de equipo.

Memoriza...

L'expression de l'habitude :

s*o*ler [ue] + infinitif [p. 41]

suelo, sueles, suele, solemos, soléis, suelen

Suelo ir al taller de teatro a las cuatro.

Les verbes en *-go* à la 1re pers. du sing. du prés. de l'indicatif

tener → *tengo, tienes, tiene…*

salir → *salgo* ***venir*** → *vengo*

hacer → *hago* ***decir*** → *digo*

... y entrénate

1. Conjuga el verbo *soler*.

a. Emilio ...... practicar balonmano.

b. ...... (nosotros) tener clase de violín los sábados a las 10.

c. ...... (yo) jugar con videojuegos después de hacer los deberes.

d. ...... (tú) ir al entrenamiento de voleibol los jueves.

2. Ordena las frases y conjuga los verbos en 1ra persona del singular.

a. colegio/venir/del

b. salir/amigos/mis/con

c. deporte/hacer

d. verdad/siempre/la/decir

Me gusta…

1. LEO Y HABLO

1. Según el texto, el tiempo libre es el tiempo en que: estudiamos/dormimos/no cumplimos con nuestras obligaciones diarias. Justifica.
2. Apunta las actividades que más practican los jóvenes.
3. ¿Por qué a los jóvenes les gustan menos las actividades culturales? ¿Estás de acuerdo?

http://www.raquelyadriana.wordpress.com

¿En qué emplean el tiempo libre los jóvenes de hoy en día?

Decimos que el tiempo libre es todo aquel tiempo en que no estamos realizando nuestras obligaciones diarias[1], como comer, estudiar, dormir. Las actividades más practicadas [por los jóvenes] son salir con los amigos, hacer deporte, escuchar música, usar el ordenador, ir al cine, ver la televisión, ir a discotecas, viajar, etc., pero las que menos les gustan y las que menos practican están relacionadas con las actividades culturales, ya que algunos consideran que son actividades escolares y no de ocio[2].

Adaptado de raquelyadriana.wordpress.com, 2009.

1. diarias = cotidianas - 2. ocio: *loisirs*

2. OBSERVO, LEO Y HABLO

Liniers, *Enriqueta y Fellini*, 2012.

• llenar: *remplir*

1. ¿Qué suelen hacer Enriqueta y su gato Fellini los sábados?
2. ¿Qué actividades va a hacer Enriqueta para "llenar su domingo"?
   Me imagino que Enriqueta va a…

Ayuda 26 CD1 23 MP3

- una actividad cultural/deportiva/escolar
- tocar música
- un taller de teatro
- navegar por Internet
- pasearse: *se promener*

3. INTERACTÚO

Le preguntas a tu compañero(a) a qué dedica su tiempo libre.

Alumno(a) 1: *¿Qué haces durante tu tiempo libre?*

Alumno(a) 2: *Hago/Practico… ¿Y tú?*

Memoriza…

***Gustar* + substantif/infinitif** [p. 40]

*(A mí) **me** gusta el chocolate.*
*(A ti) **te** gustan los partidos de fútbol.*
*(A nosotros) **nos** gusta ir al cine.*

Le futur proche : *ir a* + infinitif

El chico va a escuchar música.

→ Me entreno p. 40

Mi misión

Dejo un mensaje a mi hermano(a) en el contestador

Utilizo: *gustar*, *ir a* + infinitivo, los verbos con diptongos, el léxico del ocio.

Llamas a tu hermano(a) para comentarle lo que vais a hacer el fin de semana pero no contesta. Le dejas un mensaje en el buzón de voz.

Hola Miguel, soy yo. Este finde (fin de semana)*…*

Paso 2

Mon objectif ◗ Comprendre des goûts et des préférences

¿Qué prefieres?

1. LEO Y HABLO

Una Otaku en Expomanga Madrid.

Una chica habla de sus gustos.

Mientras ellas siguen con *Crepúsculo*[1], nosotras adoramos lo japonés. Somos Otaku[2]. ¡Lo que nos gusta es el manga y el anime[3]! Uno de nuestros preferidos es Full Metal Alchemist. O Death Note… Y, por supuesto, solo escuchamos música japonesa: Vocaloid, que es genial, porque puedes ver los vídeos en Youtube y son ¡manga! Mi madre dice que le da dolor de cabeza, pero yo creo que bastante más dolor da escuchar Cadena Dial[4]. Yo llevo Vocaloid hasta en el móvil. Rebeca, que solo hace lo que está de moda[5], lleva en su supermóvil a SHAKIRA. Igual que los demás[6].

María FRISA (escritora española),
75 consejos para sobrevivir en el colegio, 2016.

1. título en español de *Twilight* - 2. *personne qui se consacre à la culture japonaise* - 3. el anime = dibujos animados japoneses - 4. emisora de radio que emite exclusivamente música en español - 5. de moda: *à la mode* - 6. igual que los demás: *comme les autres.*

1. Presenta el documento (tipo, protagonistas, tema).

2. ¿Verdadero o falso? Justifica tu respuesta.

a. A las chicas les gusta el manga.
b. Las amigas escuchan todo tipo de música.
c. La madre de la narradora dice que no le gusta la música japonesa.
d. Rebeca lleva también Vocaloid en su móvil.

Ayuda 27 CD1 24 MP3

- el rock, el rap, el reggae**tó**n, el pop, el met**a**l, el hip-h**o**p…
- mis g**u**stos: *mes goûts*
- mis pasat**ie**mpos
- favor**i**to(a) = prefer**i**do(a)

2. ESCRIBO

¿Qué tipo de música prefieres/te gusta más, menos/no te gusta nada? Explica por qué.

Mi música favorita es…
Pues, a mí me gusta más/menos…
Prefiero…

Memoriza...

L'expression de la préférence

***preferir* [*ie*]**: *prefiero, prefieres, prefiere, preferimos, preferís, prefieren*

Un verbe à affaiblissement (*e* → *i*)

seguir: *sigo, sigues, sigue, seguimos, seguís, siguen*

Les adjectifs possessifs

Singuliers : *mi, tu, su, nuestro(a), vuestro(a), su*
Pluriels : *mis, tus, sus, nuestros(as), vuestros(as), sus*
Mis padres no soportan la música metal.

... y entrénate

1. Conjuga el verbo *preferir* en presente de indicativo.

a. Mis padres ...... las canciones de Julio Iglesias.
b. (Tú) ...... la música rap.
c. Marta y yo ...... ir al cine.

2. Completa con el adjetivo posesivo correcto.

a. Lisa es tenista, ... deporte es el tenis.
b. Nos gusta el rock, es ...... música favorita.
c. ¿Te gusta el cine? ¿Cuál es ...... película preferida?

¡Cuántas actividades!

1. OBSERVO Y HABLO

1. Presenta el documento (tipo, temática…).
2. ¿A quién se dirige el cartel? Justifica.
3. Cita dos actividades del anuncio que te gustan y dos que no te gustan. Di cuándo se pueden practicar.
4. ¿Te parece Pozoblanco una ciudad: aburrida/divertida/dinámica? Elige un adjetivo y justifica.

• primeros auxilios: *premiers secours* • torneo de futbolín: *tournoi de baby-foot* • senderismo: *randonnée* • costura: *couture* • juventud: *jeunesse*

Ayuda 29 CD1 26 MP3

- aburrido(a) ≠ divertido(a)
- dinámico(a)
- un(a) joven, jóvenes: *un(e) jeune, des jeunes*
- la juventud: *la jeunesse*

2. ESCUCHO Y HABLO

28 CD1 25 MP3

Escucha la grabación y completa. P. 21

a. Lo que más le gusta a Luis es…
b. ¿Qué va a hacer Luis si gana el millón?
c. Jala es una mujer egoísta: ¿verdadero o falso? Justifica.
d. ¿Cómo pasa su tiempo libre Manola?
e. Si gana el millón, Manola…

Memoriza

Pour comparer ses goûts : *también - tampoco*
—Me gusta el tenis. —A mí también.
—No me gusta el fútbol. —A mí tampoco.

Exprimer une action qui se passe dans la durée : *pasarse* + durée + gérondif
Mi padre se pasa los domingos limpiando su coche.

Le gérondif [p. 41]
verbes en *-ar* : radical + *-ando*
verbes en *-er*/*-ir* : radical + *-iendo*

→ Me entreno p. 41

Mi misión

AP p. 124

Creo y presento el mapa mental de mis aficiones

Utilizo: *gustar*, el léxico de las actividades (colectivas o individuales, deportivas, culturales…).

Pega una foto tuya en el centro de una hoja y clasifica alrededor todas las actividades que te gusta hacer (un poco, mucho…). Presenta tu mapa mental a la clase.

Paso 3

Mon objectif ◗ Comprendre des projets

Vamos a Madrid

1. OBSERVO, LEO Y HABLO

Recorre Madrid a través de este mapa y descubre los sitios que no te puedes perder en la capital.

a. Enumera los lugares que hay que visitar en Madrid.

b. Cita los tres sitios que más te gustaría descubrir en tu próximo viaje a Madrid. Justifica tu respuesta.

Me gustaría visitar… porque…

Mapa de Madrid (ilustración cedida por Lovely Streets - lovelystreets.com).

Ayuda 30 CD1 27 MP3

- un mus**e**o
- un an**u**ncio: *une publicité*
- **u**na camp**a**ña
- foment**a**r el tur**i**smo: *promouvoir le tourisme*
- disfrut**a**r: *profiter*
- tape**a**r = com**e**r t**a**pas
- sac**a**r **u**na f**o**to, un s**e**lfie
- brind**a**r: *trinquer*

2. VEO Y HABLO

VIDEO 3

Campaña de candidatura de Madrid a los Juegos Olímpicos 2020, « *Preparados, listos, ¡Madrid!* », 2013.

Ve el vídeo y contesta a las preguntas.

a. Presenta este documento: tipo, fecha y objetivo.

b. Cita los lugares turísticos que aparecen en el anuncio.

c. ¿Qué están haciendo los turistas y los habitantes de Madrid?

d. El lema de la campaña "Preparados, listos, ¡Madrid!" se refiere a… e invita a…

e. Explica por qué Madrid es una ciudad turística. Géographie

Memoriza…

Le présent progressif : *estar* + gérondif

¿Qué están haciendo? Que sont-ils en train de faire ?

Están mandando un mensaje de texto.

L'expression du souhait :

***(a mí) me/(a ti) te/(a él/ella/usted) le gustaría* + infinitif**

(A mí) me gustaría ir a España.

A Juan le gustaría ver una película de horror.

… y entrénate

1. Transforma las frases utilizando el presente progresivo.

a. Jugamos al golf.

b. Visitan un museo.

c. Manda un mensaje.

d. Veo la televisión.

2. Ordena las frases para expresar deseos *(des souhaits)*.

a. gustaría/el Prado/ti/visitar/a/te

b. mí/vivir/a/en/Madrid/gustaría/me

c. a/le/tocar/el violín/Andrea/gustaría

¿Quedamos?

1. ESCUCHO Y HABLO

31 CD1 28 MP3 P. 25

Escucha la grabación y completa o contesta a las preguntas.

a. Leo le propone a Álvaro… pero…

b. ¿Qué actividades van a hacer?

Primero…, luego…, después…

c. A la madre de Álvaro no le interesa lo que le pregunta su hijo. ¿Verdadero o falso? Justifica.

d. Finalmente, ¿a qué hora y dónde quedan los chicos?

2. INTERACTÚO

Invitas a un compañero(a) de clase y le propones una actividad. Él/Ella rechaza o acepta la invitación. Si la rechaza, te propone otra y organizáis la cita.

Alumno(a) 1: *¿Quieres ir a la piscina el miércoles?*
Alumno(a) 2: *Bueno, es que… ¿Te apetece ir a…?*
Alumno(a) 1: *¡Claro! Quedamos…*

Ayuda

32 CD1 29 MP3

- quedar: *se donner rendez-vous*
- pedir [i]: *demander*
- apetecer: *avoir envie de*

Aceptar una invitación

—¡Sí, claro!
—¡Claro, me apunto!
—¿A qué hora nos vemos?
—¿Dónde nos encontramos?
—Gracias por tu invitación.

Rechazar una invitación

—Mira, lo siento pero...
—Te lo agradezco, pero...
—Hoy no, pero otro día...
—No me apetece...

Memoriza

Le comparatif de supériorité : *más* + adjectif + *que*
Leer es más divertido que ir al cine.

Le comparatif d'infériorité : *menos* + adjectif + *que*
La formula 1 es menos interesante que el ciclismo.

Mi misión TICE

Organizo un día del programa del viaje escolar a Bilbao

Utilizo: los comparativos, el deseo, *estar* + gerundio

Busca información en Internet y ayuda a tu profesor a organizar la jornada de tu futuro viaje escolar a Bilbao (lugares, horarios, actividades).

LIEN SUR LE SITE

Justifica tu elección.

El rincón de la canción

33 CD1

Volar

Hoy me levanto sin pensar,
voy a dejarlo todo y luego yo
pongo la mano en el aire, echo a[1] volar,
sin complicarme la vida, a disfrutar, y yo...
...yo quiero más, quiero más.
Es como quiero ser.
Nada más, nada más,
ni un minuto que perder.

Estribillo
Volar con el viento,
y sentir que se para[2] el tiempo.
Pintar el momento,
y las nubes ir persiguiendo.
Saber cantar, pasarlo bien,
ir por las calles y querer.
Volar con el viento,
y sentir que se para el tiempo.

Letra, música e interpretación: Álvaro Soler (cantante español), 2015.

1. echo a: *je me mets à* - 2. se para: *s'arrête*

1. **Escucha la canción y enumera las acciones mencionadas en el estribillo.**

2. **De la canción se desprenden sentimientos de... libertad/melancolía/alegría/tristeza/optimismo/nostalgia. Justifica.**

3. **Según tú, ¿qué tipo de vida le gustaría vivir al cantante?**

4. **Te toca a ti: ¡a cantar!**

Club de teatro

34 CD1

Chat de Facebook

De: Antoine Dupré (AD)
Para: Ana Violeta (AV)

AD: Ya estamos respirando el mismo aire.
AV: ¿Cuál aire?
AD: Que ya estoy en Puebla. ¿Comemos mañana?
AV: ¿Dónde te estás quedando?
AD: En un hotel del centro. ¿A qué hora nos vemos?
AV: ¡Hey!, todavía no te digo que sí.
AD: Pero lo harás, ¿no?
AV: Es que no sé... tengo que organizarme para dejar a las niñas con alguien[1].
AD: No pongas pretextos. ¿A qué hora y dónde?
AV: Okey. Paso por ti a las tres en punto, ¿cuál es el nombre del hotel?
AD: Camino Real.
AV: Paso, pero quiero que ya estés afuera esperándome.

Alejandra Gómez Macchia (escritora mexicana), *Lo que Facebook se llevó*, 2015.

1. alguien: *quelqu'un*

1. **Presenta la escena: personajes, lugar, tema.**

2. **¿A qué hora y dónde quedan?**

3. **Con un(a) compañero(a), memorizad el texto y representadlo en clase de manera original.**

La margarita de los gustos

Coge un pétalo de la margarita y di una frase a un(a) compañero(a) utilizando la(s) actividad(es) propuestas. Después, le toca a tu compañero(a).

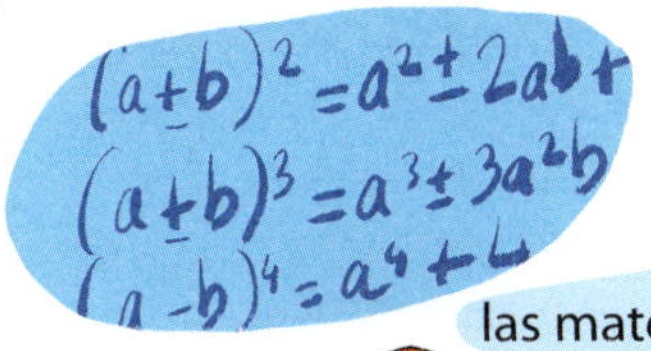

las matemáticas

el reggae

el fútbol

jugar a la consola

una película de horror

ver la tele

Las actividades misteriosas

Pon en orden las sílabas y escribe las soluciones en tu cuaderno.

1 TO LA RRA GUI CAR TA

2 LE BE O UN TE ER

3 ES LA CU CHAR DIO RA

4 HA TE DE CER POR

Adivinanzas

Asocia una palabra verde con un verbo en rojo y di qué actividad están haciendo.

baloncesto
comida
película
futbolín
SMS

1 

2 

3 

4 

5 

practicar
escribir
ver
jugar
preparar

Parcours artistique / culturel

Un patrimonio divertido

1. PRESERVAR PARA NO OLVIDAR

Desde 2003, la Unesco (Organización de las Naciones Unidas para la Educación, la Ciencia y la Cultura) tiene entre sus misiones salvar el patrimonio cultural inmaterial, y así defender y valorar la cultura tradicional y popular: las tradiciones y expresiones orales, las artes del espectáculo, las prácticas sociales, festivas y rituales y la artesanía.

Declarado Patrimonio Inmaterial de la Humanidad en 2005, ***El Güegüense*** es la primera obra teatral de la literatura nicaragüense. Combina **teatro**, **danza** y **música**. Proviene de la fusión de las culturas española e indígena y simboliza la resistencia de los indígenas a los colonos españoles. Su nombre procede del personaje principal, el güegüense, que significa "el viejo" o "el sabio" (*le sage*). *El Güegüense* es representado cada año del **17 al 27 de enero** en Nicaragua.

La **rumba cubana**, mezcla festiva de **baile** y **música**, fue declarada Patrimonio Inmaterial de la Humanidad en noviembre de 2016. La rumba está vinculada a la cultura **africana** y posee elementos característicos de la cultura **antillana** y del flamenco **español**. LIEN SUR LE SITE

Lee el texto sobre *El Güegüense* y ve el vídeo sobre la rumba cubana.

1. **Presenta las dos tradiciones: país, tipo de actividad…**
2. **El origen del *Güegüense* es… y el de la rumba es…**
3. **Completa la frase con unas palabras de la lista:** tolerancia - diversidad - sociedad - identidad - resistencia - respeto.
   La rumba cubana es un símbolo de toda la … y defiende el derecho a la … cultural basada en el … mutuo.

2. Y TÚ, ¿QUÉ OPINAS?

¿Patrimonio material o inmaterial?

1. **Clasifica los elementos de la lista según representen un patrimonio cultural material o inmaterial.**
2. **Di los valores que defiende la Unesco preservando el patrimonio inmaterial.**

El Parque Nacional Iguazú (Argentina)
La Reserva de la biósfera Mariposa Monarca (México)
El flamenco (España)
Las Islas Galápagos (Ecuador)
El Camino de Santiago (España)
El Día de Muertos (México)
El silbo gomero (lenguaje silbado en la isla de La Gomera, Canarias)
Las obras de Gaudí (España)

UNESCO
Organización de las Naciones Unidas para la Educación la Ciencia y la Cultura
Patrimonio Cultural Inmaterial

La Tomatina: ¡ven a la batalla más loca de España!

La Tomatina es una fiesta que se celebra en el pueblo valenciano de **Buñol**, **el último miércoles del mes de agosto**. Fue declarada Fiesta de interés turístico internacional.

Una fiesta internacional

Los habitantes más atrevidos[1] de Buñol y miles de turistas participan, mediante un pago de unos 10 euros, en un combate en el que se lanzan unos **160 000 kilos de tomates** durante **una hora**, entre las 11 y las 12 de la mañana.

1. atrevidos: *audacieux*

VIDEO Si quieres conocer el origen de la Tomatina

Una fiesta controvertida[1]…

Aunque[2] es una fiesta muy popular, es criticada por el gran desperdicio[3] de comida.

1. controvertida: *controversée*
2. aunque: *bien que* 3. desperdicio: *gaspillage*

… y solidaria

La marca **Orlando**, líder en salsas de tomate, invita a participar en una singular Tomatina digital: cada **tomatweet** lanzado se convierte en la donación de un brik de tomate frito para ayudar a familias que no tienen lo suficiente para comer (programa de solidaridad **1 Kilo de Ayuda**).

La Tomatina infantil

El sábado anterior a la Tomatina, a las 12 del día, todos los niños y niñas de 4 a 14 años pueden divertirse lanzándose[1] tomates, como los adultos, en la plaza del pueblo. Es gratuita.

1. lanzándose: *en se lançant*

1. **Compara la Tomatina y la Tomatina infantil (día, horario, precio…).**
   La Tomatina ocurre el… mientras que la Tomatina infantil…
2. **Para ti, es una fiesta ridícula/violenta/divertida/original/sorprendente. Justifica.**
3. **¿Te gustaría participar en la Tomatina? Explica por qué.**

Utilizo

→ Banco de ejercicios p. 135

1 Le verbe *gustar*

Observo

(A mí) me
(A ti) te
(A él/ella/usted) le
(A nosotros/as) nos
(A vosotros/as) os
(A ellos/ellas/ustedes) les

} gusta practicar (infinitivo) el voleibol.
gusta la Fórmula 1 (singular).
gustan los mangas (plural).

Comprendo

Le verbe **gustar** *(aimer quelque chose) se construit comme le verbe « plaire » en français.*
J'aime le football. = Le football ***me plaît.***
→ **Me gusta** el fútbol.
J'aime les films d'action. = Les films d'action ***me plaisent.***
→ **Me gustan** las películas de acción.
Il se construit toujours à la 3e personne du singulier ou du pluriel.

Me entreno

1. Transforma según el modelo.

Nosotros/el cine → (A nosotros) nos gusta el cine.

a. Juan/los deportes de equipo.
b. Vosotros/el baloncesto.
c. Yo/jugar con videojuegos.
d. Pablo y Julieta/el teatro.

2 Les verbes à diphtongue

Observo

Prefiero ir al cine. Preferimos tocar el piano.
Puede ir al taller de teatro. Podéis ganar la copa.
Juegas al fútbol. Jugáis al baloncesto.

Comprendo

Au présent de l'indicatif, certains verbes "diphtonguent". Cela veut dire que la ***dernière voyelle du radical*** *se modifie à toutes les personnes* sauf *nosotros et vosotros (****1****,* ***2****,* ***3****,* ***6****).*
e → ie, o → ue, u → ue

Les verbes à diphtongue

- **e → ie Preferir:** prefiero, prefieres, prefiere, preferimos, preferís, prefieren
- **o → ue Poder:** puedo, puedes, puede, podemos, podéis, pueden
- **u → ue Jugar:** juego, juegas, juega, jugamos, jugáis, juegan

Me entreno

2. Conjuga los verbos en presente de indicativo.

a. El partido de fútbol (empezar) a la una.
b. Ustedes no (entender) las reglas.
c. Yo (querer) aprender a tocar el piano.
d. Lucas no (poder) ir al entrenamiento hoy.
e. Vosotras (soler) estudiar juntas.
f. Tú (jugar) muy bien al voleibol.

3 Les verbes à affaiblissement

Observo

Mi padre nos pide siempre lo mismo.
Repetimos el poema para aprenderlo de memoria.

Comprendo

Un verbe à affaiblissement est un verbe du 3e groupe (en **-ir***) dont le* **e** *de la dernière voyelle du radical se transforme en* **i** *: on dit qu'il s'affaiblit.*
*Au présent de l'indicatif, cela se produit aux trois personnes du singulier et à la 3e personne du pluriel (****1****,* ***2****,* ***3****,* ***6****).*
Pedir (e → i): pido, pides, pide, pedimos, pedís, piden

Me entreno

3. Conjuga los verbos en presente de indicativo.

a. Me (pedir/tú) ayuda.
b. (Preferir/nosotras) un buen partido.
c. La profesora (repetir) el trabalenguas.
d. Lucas y Manuel (medir) un metro ochenta.

4 Le gérondif (et le présent progressif)

Observo

Los dos amigos están jugando al golf.
Los dos se pasan el tiempo jugando al golf.

Comprendo

• *Le gérondif utilisé avec* **estar** *se traduit par « être en train de + infinitif ». C'est le présent progressif.*
• *Le gérondif utilisé avec* **pasarse el tiempo** *se traduit par « passer son temps à + infinitif ».*
• *Le gérondif est toujours* ***invariable****.*

Formation du gérondif :
Verbes en -**ar** *: radical +* -**ando** : **jugar** → **jugando**
Verbes en -**er**/-**ir** *: radical +* -**iendo** :
hacer → **haciendo** - **escribir** → **escribiendo**

¡OJO! *Certains verbes subissent des modifications orthographiques :* dormir → d**u**rmiendo - leer → le**y**endo - ir → **y**endo

Me entreno

4. Conjuga los verbos en presente progresivo.
a. Mi hermano (escuchar) música.
b. Los actores (rodar) una película.
c. Nosotros (comer) una paella.

5. Transforma las frases con *pasarse el tiempo*.
a. Salís con amigos.
b. Leo.
c. El bebé duerme.

5 L'expression de l'habitude: *soler* + infinitif

Observo

Suelo jugar al baloncesto los viernes. *J'ai l'habitude de jouer au basket le vendredi.*
Solemos ir a la playa en bici. *Nous avons l'habitude d'aller à la plage en vélo.*

Comprendo

Pour exprimer l'habitude (avoir l'habitude de), on emploie le verbe **soler** + ***infinitif*** *:*

soler [**ue**] : suelo, sueles, suele, solemos, soléis, suelen

Me entreno

6. Transforma las frases con el verbo *soler*.
a. Mis amigos y yo vamos al cine los viernes.
b. Inés utiliza Internet para hacer los deberes.
c. Tengo clases de canto a las cuatro.
d. Los alumnos estudian en la biblioteca.
e. Jugáis con videojuegos.

¡A pronunciar!

Escucho y repito

1. Escucha las palabras y repite. 35 CD1

2. Escucha el trabalenguas y repítelo lo más rápido posible. 36 CD1

En un zarzal de Zaragoza, Cecilia la cicindela se cita a las dos con siete saltamontes y todos bisbisean sin cesar hasta las seis.

Comprendo

• *Le* **c** *placé devant* **e** *et* -**i** *ainsi que le* **z** *placé devant toutes les voyelles se prononcent en plaçant la langue entre les dents comme le « th » [θ] en anglais :* cabeza, concierto.
• *Le* **c** *placé devant* **a**, **o**, **u** *se prononce comme la lettre « q » en français :* practicar, discoteca, escuchar.
• *Le* **s** *se prononce comme les lettres « ss » en français, un peu plus chuinté :* museo, gimnasio, música.

Me entreno 37 CD1

Lee las palabras siguientes y después escúchalas.
zapato • ocio • senderismo • atletismo • natación • ciclismo • cocina • surf • corazón

Léxico

¡A divertirse!

El ocio
ver la tele, una película, un DVD
escuchar música en MP4
descargar música, un vídeo
jugar a la consola, con videojuegos
chatear con amigos
navegar por Internet, por las redes sociales
mandar SMS
ir a la discoteca
leer un tebeo, un libro
jugar al futbolín
hacer bici

Los deportes

Deportes individuales
el atletismo
la natación
el tenis
el boxeo
el judo
el ciclismo

Deportes de equipo
el fútbol
el baloncesto
el rugby
el balonmano
el voleibol

practicar **el** judo
jugar **al** fútbol
ganar ≠ perder
entrenar
un entrenamiento
un campeonato

Las actividades

Actividades culturales
sacar fotografías
la lectura (leer)
hacer teatro
tocar la guitarra,
el saxófono,
el violín,
la trompeta,
la flauta

Actividades manuales
la pintura (pintar)
la cocina (cocinar)
el bricolaje (bricolar)
el dibujo (dibujar)

Los lugares

Para cultivarse
un museo
el cine
el teatro
la biblioteca

Para hacer deporte
la piscina
el gimnasio
el estadio
el campo de fútbol

Al aire libre
un parque
el mar
la montaña
una pista de esquí

1 Busca tres actividades de ocio que se hacen solo y tres que se hacen con amigos.

2 Sílabas mezcladas. Encuentra las actividades y da el verbo correspondiente.
TU-RA-PIN • U-TA-FLA • BU-JO-DI

3 Con tu compañero(a): escoge un lugar y tu compañero(a) asocia todas las actividades que se pueden realizar en ese lugar.

4 Relaciona las palabras siguientes con las de la ficha.
una raqueta • los guantes • una bicicleta • un bañador • el gimnasio • un entrenador

Me autoevalúo

Écouter et comprendre

38 CD1
30 MP3

1 **Escucha una escena de la película mexicana *El estudiante*, de Roberto Girault, y contesta.**

1. Santiago organiza… que tiene lugar el…

2. Chano y su esposa aceptan con mucho gusto la invitación/lo sienten mucho pero no piensan ir.

3. ¿Qué le dice Santiago a la chica para convencerla?

Lire

2 **Lee el texto y contesta a las preguntas.**

—Okay, nos vemos a las siete en esta dirección, toma, aquí está mi domicilio.
—Muy bien Martha, me has hecho el hombre más feliz de la tierra. Oye, vives cerca de tu trabajo y hasta del cine.
—Sí, Javier, vivo cerca de aquí.
—Okay Martha, nos vemos mañana, hasta luego.
—Hasta mañana, Javier, que descanses.
Se puso[1] Javier muy contento, se dirigió[2] a su departamento. Llegó y se acostó[3], soñando despierto: después del cine la invitaría a cenar y proponerle otra cita, tal vez la llevaría a bailar.

Vicente Flores (escritor mexicano), *Recuerdos, sueños y fantasías*, 2011.

1. se puso contento: *il se réjouit* - 2. se dirigió: *il se rendit* - 3. llegó y se acostó: *il arriva et se coucha*

1. Javier y Martha hablan de…

2. Javier y Martha son viejos amigos. ¿Verdadero o falso? Justifica tu respuesta.

3. Apunta las actividades que Javier piensa hacer con Martha.

Parler en continu

3 **Describe tus vacaciones ideales. Explica lo que haces, adónde vas y con quién.**

Écrire

4 **En clase, preparáis la semana del deporte. Escribe tu programa detallado con las diferentes actividades.**

Réagir et dialoguer

5 **Un(a) amigo(a) quiere ir al concierto, pero tú prefieres ir al cine. Por parejas, imaginad el diálogo.**

—¿Vamos al concierto de…?

—Pues no me gusta mucho, pero…

Découvrir des aspects culturels

6 **Explica a un(a) compañero(a) qué es la Tomatina (fecha, lugar, ambiente).**

Je suis capable…

A1+

1 … de comprendre les informations d'une invitation.

2 … de comprendre un texte dans lequel des personnes se fixent un rendez-vous.

3 … de parler de mes centres d'intérêt et de mes loisirs.

4 … d'écrire un texte pour présenter des projets.

5 … d'échanger sur une sortie et d'exprimer mes goûts et mes préférences.

6 … de parler de la fête de la Tomatina.

Mi proyecto final

Por grupos: Organizamos un fin de semana entre amigos en una ciudad española

TICE

Parcours artistique et culturel

Instrucciones

- **ETAPA 1:** en grupos de dos o tres, apuntar las actividades favoritas de cada uno (deportes, música, salida con amigos, lectura…) en un borrador (*brouillon*).
- **ETAPA 2:** buscar información sobre ciudades españolas y sitios que visitar y apuntar la información en el borrador.
- **ETAPA 3:** cada grupo discute aceptando o rechazando las actividades propuestas para decidir qué ciudad española, sitios y actividades va a seleccionar.

Material necesario

Hojas de papel (borrador), bolígrafos, una tableta, un móvil o un ordenador.

Objectifs :

- Je parle et compare des loisirs et activités.
- Je parle d'une ville espagnole.
- Je donne rendez-vous.
- J'accepte ou je refuse une activité proposée.

J'utilise : *gustar, soler* + infinitif, les comparatifs, *quedar* (se donner rendez-vous), le lexique des loisirs, des activités sportives et culturelles.

Cádiz

Salamanca

Individual: Creo un vídeo para ganar un concurso e irme a estudiar un mes a España

TICE

Parcours artistique et culturel

Material necesario

Hojas de papel (borrador), bolígrafos, una cámara, una tableta o un móvil, un ordenador.

Instrucciones

- **ETAPA 1:** elegir la ciudad adonde quiero ir: Bilbao, Valencia, Salamanca, Córdoba... Buscar información sobre ella (situación geográfica, monumentos…).
- **ETAPA 2:** en un borrador, hacer una tabla de tres columnas: mi presentación, mis aficiones, informaciones sobre la ciudad.
- **ETAPA 3:** grabar el vídeo hablando de manera dinámica y optimista.

Objectifs :

- Je parle des loisirs et activités que j'aime faire.
- Je parle d'une ville espagnole.

J'utilise : *gustar (un poco, mucho)*, les comparatifs, *soler* + infinitif, *ir a* + infinitif, *pasarse el tiempo*, le lexique des loisirs, des activités sportives et culturelles.

3 ¿Somos amigos?

Aída Emart (pintora mexicana), *Amistad*, 2007.

En este cuadro, ¿cómo vemos que los dos chicos son amigos?

Je vais apprendre à

- Parler des liens d'amitié
- Définir la personnalité de quelqu'un
- Présenter mes amis
- Comprendre un témoignage
- Présenter une campagne de sensibilisation

Je vais utiliser

- L'obligation personnelle
- Les noms et les pronoms indéfinis
- Le passé composé
- *Ser* + adj. pour définir le caractère
- Les verbes à tournure affective
- Le superlatif absolu

Je vais découvrir

- Une campagne contre le harcèlement scolaire Parcours citoyen
- La Journée de l'amitié en Amérique latine

Mi proyecto final

1. Creamos un test sobre la amistad (por grupos). TICE

2. Creo un diploma del (de la) buen(a) amigo(a) (individual).

Mon objectif ▸ Parler des liens d'amitié

¿Qué es un amigo?

1. OBSERVO Y HABLO

• una pareja: *un compagnon, une compagne* • sin embargo: *cependant*

Nik (historietista argentino), *Gaturro*.

1. **Lee el cómic y di en quién piensa Gaturro.**
2. **¿Cómo ves que todos los personajes son amigos?**
3. **Fíjate en los amigos de Gaturro, ¿son todos iguales?**
4. **Explica por qué los miembros de la familia también pueden ser amigos.** Enseignement moral et civique

2. ESCUCHO Y HABLO

39 CD1 31 MP3 P. 27

1. **Escucha lo que dicen los chicos sobre la amistad y elige las respuestas correctas.**
   La amistad es: ser bueno - ser feliz - ser amable - ser correcto - compartir algo - discutir.
2. **¿Qué dice una chica sobre su mejor amiga?**
   La ayuda. - La telefonea mucho. - La acompaña en todo momento.
3. **Da tres verbos que utilizan los chicos para definir la amistad.**
4. **Completa la frase con tres ideas:** *un amigo es alguien…*

Ayuda 40 CD1 32 MP3

- darse la mano: *se donner la main*
- sonreírse [i]: *se sourire*
- divertirse [ie]: *s'amuser*
- burlarse: *se moquer*
- compartir: *partager*
- discutir: *se disputer*
- confiar en: *avoir confiance en*
- apoyar: *soutenir*
- aconsejar: *donner des conseils*
- respetar: *respecter*

3. INTERACTÚO

Explica a tu compañero(a) cómo tiene que ser tu mejor amigo(a) y qué es lo que no debe hacer (3 argumentos positivos y 3 negativos).

Mi mejor amigo(a) tiene que… pero no debe…

Es alguien que… y que no…

En ningún momento, un amigo(a)…

Memoriza...

L'obligation personnelle : *tener que/ deber* + infinitif

Tengo que confiar en mi amigo.

Debemos compartir algo con ellos.

Les indéfinis

Alguien: quelqu'un

¿Conoces a alguien más amable?

... y entrénate

Transforma las frases con *deber* o *tener que*.

a. Cada día, ayudo a mis padres en casa.
b. Los amigos se respetan.
c. Mi mejor amiga es buena y divertida.
d. Un amigo guarda los secretos.
e. Escuchamos a nuestros amigos.
f. Ustedes no se burlan de él.

Una gran amistad

1. OBSERVO, VEO Y HABLO

P. 29

1. **Observa el cartel y presenta el documento (tema, personajes, lugar de la acción).**

2. **Ve el vídeo y contesta a las preguntas.** VIDEO

a. ¿Qué le pasa al chico?

b. ¿Cúal ha sido la primera reacción de la chica?

c. ¿Qué actividades han realizado juntos?

d. ¿Cómo han reaccionado los otros compañeros de clase? ¿Qué piensas de su actitud?

3. **Completa la frase:** *Al final, el chico…*

4. **¿Piensas que María es una buena amiga o una chica rara?** Enseignement moral et civique

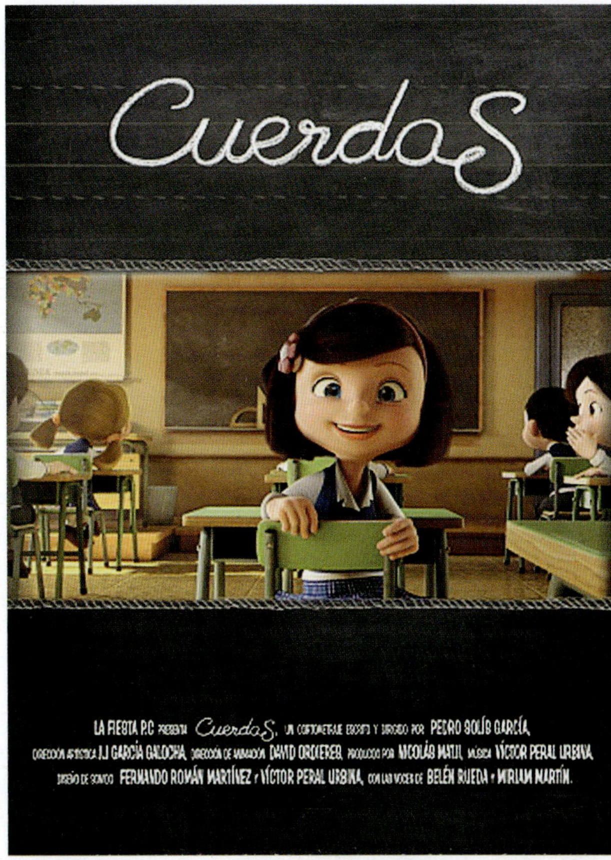

Cartel del cortometraje *Cuerdas* (2014), de Pedro Solís.

Ayuda

41 CD1 — 33 MP3

- darse la vuelta: *se retourner*
- andar = caminar: *marcher*
- un cochecito pediátrico: *une poussette adaptée*
- discapacitado(a): *handicapé(e)*
- empujar: *pousser*
- la comba: *la corde à sauter*
- la cometa: *le cerf-volant*
- el escondite inglés: *1, 2, 3, soleil !*

¡Fíjate!

Fais attention : le participe passé espagnol est toujours invariable et ne se construit qu'avec l'auxiliaire *haber*, contrairement au français.

2. INTERACTÚO

Cuéntale a tu compañero(a) dos buenas acciones que has realizado esta semana en tu colegio para ayudar a un(a) amigo(a).

Memoriza

Formation du passé composé : *haber* au présent + participe passé [p. 56]

- ***haber:*** *he*, *has*, *ha*, *hemos*, *habéis*, *han*
- **participe passé :**
  - verbes en *-ar* : radical + *-ado*
  - verbes en *-er*/*-ir* : radical + *-ido*

Hemos sido buenos amigos.
He saltado a la comba durante el recreo.

➔ Me entreno p. 56

Mi misión

Escribo un momento vivido con mi mejor amigo(a)

Utilizo: **el pretérito perfecto, *alguien*, *tener que*/*deber* + infinitivo, el léxico de la amistad.**

Participas en el concurso "Amigos verdaderos". Cuenta algo que has vivido con tu mejor amigo(a) y explica la relación que os une.

Hace poco, mi mejor amigo(a) y yo…

Mon objectif ▸ Définir la personnalité de quelqu'un

Personalidades diversas

1. LEO Y HABLO TICE

¿Has oído hablar del horóscopo maya? ¡Descubre qué animal eres!

Venado

Eres una persona muy sensible y delicada. Te gusta mucho cuidar tu imagen, ir a la moda, te preocupas por tu belleza…

Ardilla

Eres de esas personas supersociables. Eres una persona activa y con ganas de hacer muchas cosas en la vida.

Tortuga

Te gusta la tranquilidad, hacer las cosas poco a poco y bien hechas. Eres uno de los signos más sabios del horóscopo maya.

Jaguar

Eres una persona superluchadora y estás siempre dispuesto(a) a ayudar a los demás.

Textos sacados de www. superpop.es

1. **Lee las descripciones de los animales y di qué característica principal tiene cada uno.**
2. **¿Cuál de los cuatro se parece más a tu personalidad? Cuenta algo que has hecho esta semana para demostrarlo.**
3. **Conéctate a la página de la revista *Superpop* y descubre qué animal eres en función de tu fecha de nacimiento. ¿La descripción corresponde con tu personalidad? ¿Por qué?** LIEN SUR LE SITE

2. ESCUCHO Y HABLO 42 CD1 34 MP3 P. 32

1. **Presenta la situación (personajes, lugar, momento).**
2. **¿Por qué Sole no está contenta? ¿Qué le ha pasado a Luna antes de llegar?**
3. **Las dos amigas tienen personalidades muy diferentes. Descríbelas y precisa lo que les gusta.**
4. **¿Qué señales de amistad *(preuves d'amitié)* se dan la una a la otra?**
5. **A tu parecer, ¿qué le ha regalado Luna a Sole? Justifica.**

Ayuda 43 CD1 35 MP3

- preocuparse por: *se soucier de*
- generoso(a): *généreux(euse)*
- majo(a): *mignon(ne), sympa*
- ser un sol: *(ici) être un amour*
- un regalo: *un cadeau*
- regalar: *offrir*
- traer: *apporter*

Memoriza

Le passé composé [p. 56]

Verbes au participe passé irrégulier :

decir: dicho *escribir: escrito* *hacer: hecho*
leer: leído *traer: traído* *ver: visto*

He visto a Ana y le he dicho un secreto.

Définir le caractère de quelqu'un

***ser* + adjectif ou expression**

Soy puntual. / Eres un sol.

… y entrénate

1. Pon en pretérito perfecto.

a. ¿Qué me (decir/tú) hoy?
b. (Quedar/nosotros) aquí esta mañana.
c. La fiesta de cumpleaños (ser) genial.
d. ¿Qué (hacer) tus amigos esta tarde?

2. Elige un sujeto y un adjetivo y construye frases con el verbo *ser*.

Sujetos: mi madre/mis profes/mis amigos y yo/usted/yo
Adjetivos: divertido/severo/serio/sincero/majo

Entre amigos

La banda de Zoé

1. LEO Y HABLO

1. Presenta el documento.

2. ¿Quién es? Justifica tu respuesta.

a. Es una persona muy práctica y previsora.

b. Es una persona muy tímida.

c. Es una persona valerosa y sensible.

d. Parece que no le gusta su nombre.

3. ¿Verdadero o falso? Justifica.

a. A Álex le gusta el color rosa.

b. Liseta no soporta la moda.

c. A Marc le gusta todo.

4. ¿De quién te gustaría ser amigo(a)? Explica.

5. ¿Qué tiene de particular esta banda? ¿Se parecen todos?

Ayuda 44 CD1 36 MP3

- la banda, la pandilla
- la diversidad
- parecerse a: *ressembler à*

Álex

Se llama Alexandra pero prefiere que la llamen Álex. La conocí[1] el primer día de clase. Me defendió en el patio del colegio y desde entonces[2] SOMOS ¡INSEPARABLES!

Le vuelven loca: Las películas de aventuras, los ordenadores. Los pasteles y las chucherías[3]… ¡Es MUY golosa[4]!

No soporta: Las faldas, […] la laca de uñas[5] ni nada que sea de color ROSA.

1. la conocí: *je l'ai connue* - 2. desde entonces: *dès lors* - 3. las chucherías: *les sucreries* - 4. golosa: *gourmande* - 5. uñas: *ongles*

Liseta

En su bolso[1] es capaz de encontrar lo que necesitemos en cada momento… ¡parece MÁGICO!

Le chifla: ¡La moda! Y *maquillarse* con las pinturas de su madre.

Aunque[2] es guapísima y su pelo es rizado y precioso, sólo sueña con una cosa: tener el pelo LISO.

Detesta: Hacer deporte, correr, sudar, despeinarse.

1. bolso: *sac* - 2. aunque: *bien que*

Marc

Es el *único* chico de nuestra pandilla. En seguida se le ponen las orejas tan ROJAS como dos pimientos. Es muy inteligente.

Le encanta: Aprender, leer, saber…

Odia: Marc no odia nada. Pero parece que a él lo odien los lácteos, el gluten, los perfumes, el chocolate… ¡Es ALÉRGICO a casi todo!

Ana GARCÍA-SIÑERIZ (escritora española),
Jordi LABANDA (ilustrador español),
Los dos mundos de Zoé, 2015.

2. ESCRIBO TICE

Descarga el carné para formar parte de la banda de Zoé y complétalo: te presentas a la manera de la pandilla. LIEN SUR LE SITE

Memoriza

Les verbes à tournure affective [p. 57]

Ces verbes fonctionnent comme *gustar*.

chiflar: raffoler - *encantar:* adorer - *volver loco(a):* aimer à la folie

La similitude

también: aussi ≠ ***tampoco:*** non plus

Le superlatif absolu [p. 56]

Es muy golosa. Elle est **très** gourmande.

Es guapísimo. Il est **très** beau.

→ Me entreno p. 56, 57

Mi misión

Presento a mi mejor amigo(a)

Utilizo: los verbos para expresar los gustos, el superlativo (*muy*, *-ísimo/a*), el pretérito perfecto.

Trae una foto de tu mejor amigo(a) y preséntalo(la) a la clase (carácter, gustos…).

Puedes hacer un retrato montaje con la técnica del *collage* ilustrando sus gustos.

Paso 3

Mon objectif ▸ Comprendre un témoignage sur des difficultés relationnelles

Nada ni nadie te espera

1. LEO Y HABLO

Las doce menos cinco; suena el timbre que marca el comienzo del recreo. Los alumnos abandonan en tropel el aula, pero tú lo haces despacio, sin prisa, porque sabes que nada ni nadie te espera. Sales al patio, te diriges a un rincón[1], te sientas en el suelo, con la espalda[2] apoyada contra un muro, y contemplas a los demás. Nadie te va a pedir que juegues al fútbol, nadie se va a acercar[3] a ti para charlar; con suerte, ni siquiera se meterán contigo[4]. Es el vacío[5] absoluto, el aislamiento[6] total. Incluso aquellos que nunca te han hecho nada se mantendrán alejados[7] pues hablar contigo es caer muy bajo[8] [...].

En cierto modo, este es el peor momento del día, ¿verdad?, cuando durante el recreo ves a tus compañeros jugar y reírse.

César Mallorquí (escritor español), "Chico Omega" en *21 relatos contra el acoso escolar*, 2008

1. un rincón: *un coin* - 2. la espalda: *le dos* - 3. acercarse: *s'approcher* - 4. se meterán contigo: *s'en prendront à toi* - 5. el vacío: *le vide* - 6. el aislamiento: *l'isolement* - 7. se mantendrán alejados: *se maintiendront à l'écart* - 8. caer muy bajo: *tomber très bas*

1. **Di cuándo y dónde tiene lugar la historia.**
2. **Cuando suena el timbre, ¿el chico está impaciente o se toma su tiempo? Explica su actitud.**
3. **¿Al chico le gusta el recreo? ¿Por qué?**
4. **Imagina por qué el chico no tiene amigos.**
   A lo mejor el chico no tiene amigos porque...
5. **¿Qué denuncia el texto?** Enseignement moral et civique

Ayuda 45 CD1 37 MP3

- sufrir: *souffrir, supporter*
- tener [ie] miedo a: *avoir peur de*
- esconderse: *se cacher*
- hacer daño: *faire mal*
- acosar: *harceler*
- el acoso: *le harcèlement*

2. INTERACTÚO

Has sido testigo (*témoin*) de una escena de acoso en tu colegio. Vas a ver al (a la) monitor(a) y le cuentas el problema.

Alumno(a) 1 (monitor/a): *¿Qué te pasa?*

Alumno(a) 2: *Esta mañana, he visto algo. Mis compañeros nunca hablan con...*

Memoriza

Les indéfinis [p. 57]

No + verbe + ***nada*** (rien) → *No sé nada.*

No + verbe + ***nunca*** (jamais) → *No tengo nunca miedo*

No + verbe + ***nadie*** (personne) → *No hablas con nadie.*

Nada/nunca/nadie + verbe → *Nunca tengo miedo.*

Exprimer l'hypothèse : *a lo mejor* + indicatif = peut-être que + indicatif

A lo mejor Pedro se ha burlado de ella. Peut-être que Pedro s'est moqué d'elle.

... y entrénate

1. Completa con *nada*, *nadie* o *nunca*.

a. ...... me habla durante el recreo.
b. ...... juego en el patio.
c. Este alumno ...... hace ...... en clase.
d. ¿...... falta?
e. Celia ...... invita a ....

2. Expresa una hipótesis.

a. Sufrir de acoso escolar (ella).
b. Hacerle daño (nosotros).

Acosar no es un juego

1. OBSERVO Y HABLO

1. Presenta la campaña: tema, lema (eslogan), patrocinadores *(sponsors)*.
2. Describe la imagen y relaciónala con el lema. AP p. 123
3. ¿Por qué, en tu opinión, se representa el acoso con juguetes? ¿Qué simboliza el tanque?
4. Completa: *El objetivo de la campaña es incitar a…*

• el ámbito: *le domaine* • la contextura física: *la corpulence* • el hostigamiento = el acoso • quedarse callado(a): *se taire*

Campaña contra el acoso escolar de Basta de bullying, Cartoon Network y la OEI, © Tamara Jan, 2012.

Ayuda 47 CD1 39 MP3

- el jug**ue**te: *le jouet*
- el t**a**nque
- dar mi**e**do: *faire peur*
- amenaz**a**r: *menacer*
- denunci**a**r
- erradic**a**r: *éliminer*
- anim**a**r a + inf.: *encourager à + infinitif*
- par**a**r: *cesser, arrêter*

2. ESCUCHO Y HABLO

46 CD1 38 MP3 P. 37

Iker Casillas participa en una campaña para hacer un "paradón" (*« arrêt », en foot*) al acoso escolar, 2013.

1. Completa esta frase con las palabras de Iker.
   "En clase, en el patio, en el parque, como en el campo de fútbol…"
2. Repite el eslogan que pronuncia Iker al final del anuncio.
3. ¿Por qué, en tu opinión, participa este futbolista en la campaña de la Policía Nacional?
4. ¿Qué tienen que hacer los jóvenes para acabar con *(en finir avec)* el acoso escolar?

¡Fíjate!

En Argentine, la 2e personne du singulier est différente :

(vos) hablás = (tú) hablas
(vos) sos = (tú) eres
(vos) tenés = (tú) tienes

Memoriza

Les indéfinis de quantité

• *todo, toda, todos, todas*
• *mucho, mucha, muchos, muchas*
todos los chicos - muchas niñas

L'expression du but : *para* + infinitif

Participo en esta campaña para erradicar el acoso escolar.

Mi misión

Escribo para denunciar un caso de acoso escolar

Utilizo: el léxico de las relaciones amistosas, *a lo mejor* + indicativo, los indefinidos, los indefinidos de cantidad, *para* + inf.

Conoces a una víctima de acoso escolar en tu colegio. Escribes un e-mail a la Fundación Iker Casillas para contar cómo te has comportado para ayudar al (a la) alumno(a) acosado(a).

El rincón de la canción

48 CD1

Nadie como tú

Nadie como tú para hacerme reír.
Nadie como tú sabe tanto de mí.
Nadie como tú es capaz de compartir
mis penas, mi tristeza, mis ganas de vivir.

Tienes ese don de dar tranquilidad,
de saber escuchar, de envolverme en paz.
Tienes la virtud de hacerme olvidar
el miedo que me da mirar la oscuridad.
Solamente tú lo puedes entender
y solamente tú te lo podrás creer.

Estribillo
En silencio y sin cruzar una palabra.
Solamente una mirada es suficiente para hablar.
Ya son más de veinte años de momentos congelados
en recuerdos que jamás se olvidarán.

Letra, música e interpretación: LA OREJA DE VAN GOGH, 2004.

1. Justifica estas afirmaciones con la letra de la canción.
a. Esta canción está dedicada a una persona única para la cantante.
b. Estos amigos no necesitan hablar para entenderse.

2. Cita los buenos momentos que la cantante comparte con su amigo(a).

3. El (la) amigo(a) de la cantante es:
divertido(a) - serio(a) - egoísta - comprensivo(a) - protector(a) - sincero(a) - desagradable - fiel.
Justifica tu respuesta.

4. Karaoke: ¡A cantar!
¡El (la) cantante eres tú!

El refranero

49 CD1

1 Amistades que son ciertas nadie las puede turbar.
(Miguel de Cervantes)

2 La buena y verdadera amistad no debe ser sospechosa en nada.
(Miguel de Cervantes)

3 La amistad no se compra, aunque muchos la venden, que los amigos comprados no lo son y valen poco.
(Baltasar Gracián)

4 Cada uno muestra lo que es en los amigos que tiene.
(Baltasar Gracián)

5 La amistad termina donde la desconfianza empieza.
(Proverbio castellano)

1. Asocia estas frases con el significado de los proverbios:
a. Los amigos que tienes demuestran cómo eres.
b. La amistad no se puede comprar.
c. Un buen amigo nunca puede sospechar de ti. Ni tú de él.
d. Las amistades de verdad no se rompen con nada.
e. Sin confianza, no hay amistad.

2. Elige tu proverbio preferido y apréndetelo de memoria.

3. Te toca a ti: inventa un proverbio sobre la amistad.

¿Quién es mi mejor amigo(a) virtual?

Lee estas presentaciones y escoge a tu mejor amigo(a) virtual.
Tu compañero(a) te hace preguntas para adivinar quién es.

Pablo

Carácter: serio, imaginativo, divertido
: el cine, la playa
: las películas de terror

Cristina

Carácter: sonriente, generosa, creativa
: la playa, leer
: las mentiras

Elisa

Carácter: comprensiva, seria
: el cine, chatear en Internet
: leer cómics

Lucía

Carácter: sensible, solitaria, sonriente
: la pintura
: las arañas

Noelia

Carácter: soñadora, creativa, seria
: los viajes
: la nieve, los monstruos

Manolo

Carácter: presumido, reservado, serio
: el fútbol
: cocinar

María

Carácter: graciosa, solidaria, generosa
: los animales
: la lluvia, el inglés

Tomás

Carácter: solidario, imaginativo, reservado
: la poesía, el teatro
: los videojuegos

Jorge

Carácter: divertido, solidario, sonriente
: las matemáticas
: el tenis

El pasapalabra del carácter

A partir de las letras rojas y en orden alfabético, tienes un minuto para encontrar el máximo de adjetivos de carácter. Si quieres pasar una letra, di "pasapalabra" y le toca a tu compañero(a).

Los intrusos de la amistad

Busca los 3 intrusos que no definen la amistad en esta lista.

La tolerancia
Compartir
La complicidad
Criticar
El odio
La convivencia
La generosidad
La hipocresía

Recuerdos amistosos

Cuenta estos momentos de amistad utilizando el pretérito perfecto.

Esquiar
vosotros

yo
Tocar la guitarra

ellas

Escuchar música

Jugar al fútbol
nosotras

Amistades y aficiones

1. LA HISTORIA DE MIGUEL

1.

2.

3.

4.

Fotogramas del comercial de TyC Sports, un canal de televisión de deportes argentino.

Ayuda 50 CD1 40 MP3

- un **á**ngel: *un ange*
- dej**a**r: *laisser*
- ser aficion**a**do a: *être fan de*
- un fan**á**tico: *un fan*
- ni fu ni fa: *sans plus*
- est**a**r **ju**ntos: *être ensemble*
- cuid**a**r a **a**lguien: *prendre soin de quelqu'un*

1. **Observa y presenta a los personajes.**
2. **Ve el vídeo y asocia las frases siguientes con los fotogramas.**
   a. "Para mí, el fútbol, ni fu ni fa."
   b. "Miguel es un amor."
   c. "Por suerte encontró a ese amigo, que es un ángel."
   d. "Él, por su condición de fanático, tiene acceso a lugares donde un hincha común no lo tiene."
3. **¿Quién es Miguel?**
4. **Describe su amistad:** ocio, momentos compartidos, relación…
5. **¿Este vídeo permite luchar contra los estereotipos? Justifica.**

La Boca y su club de fútbol

El fútbol genera una verdadera pasión entre los habitantes del barrio de La Boca de Buenos Aires, en Argentina, muy conocido por su estadio y su equipo.

2. Y TÚ, ¿QUÉ OPINAS?

¡Compartir con los amigos! Ayúdate de esta lista y explícale a tu compañero(a) lo que puedes compartir con tus amigos.

- confiar / guardar un secreto
- tener una pasión / afición común
- reír
- dar consejos
- ayudar
- compartir momentos inolvidables
- pasar las vacaciones juntos
- practicar el mismo deporte
- ir al cine
- jugar un partido de fútbol
- jugar con videojuegos
- chatear en las redes sociales
- pasar los fines de semana juntos

¡Festejemos la amistad!

El Día del Amigo

El **Día del Amigo** celebra la amistad y los valores como la **tolerancia**, el **respeto** y la **solidaridad**.

Se celebra en varios países de América latina con distintas fechas: hacia el 19 de julio, en Argentina, Chile y Uruguay; el 30 de julio, en Paraguay, y el primer sábado de julio, en Perú.

Invitación de la municipalidad de Armstrong (Argentina) a festejar el Día del Amigo.

El Día Internacional de la Amistad

En 2011, la **Asamblea General de las Naciones Unidas** decide reconocer el **30 de julio como el Día Internacional de la Amistad**.

Cartel para el Día Internacional de la Amistad, Paraguay.

El objetivo es promover[1] la amistad entre gente de países y culturas diferentes. Hay distintas iniciativas para implicar a los jóvenes en actividades comunitarias y así impulsar el respeto a la diversidad. Durante esta **fiesta muy popular**, los amigos comparten[2] tarjetas, regalos y juegos.

Un juego muy conocido es **El amigo invisible**: los amigos y los compañeros de trabajo se hacen regalos de manera secreta organizando un sorteo.

1. promover: *promouvoir* - 2. comparten: *échangent*

Los Juegos de la Amistad

Descubre *Los Juegos de la Amistad* entre Haití y República Dominicana.

VIDEO

Niños haitianos y dominicanos calientan en el terreno de fútbol.

1. Lee el texto sobre "El Día del Amigo" y contesta a las preguntas.

a. ¿Qué valores promueve el Día del Amigo?

b. ¿Dónde se celebra?

c. Y en tu país, ¿celebráis el Día del Amigo?

2. Ve el vídeo "Los Juegos de la Amistad" y contesta a las preguntas.

a. ¿Qué permite forjar la amistad entre los niños de estos dos países vecinos?

b. Cita las actividades que incluyen los Juegos de la Amistad.

c. ¿Qué instituciones organizan estos juegos?

3. Lee el párrafo sobre el juego del amigo invisible. Organiza en tu clase un sorteo para realizar el juego.

Puedes realizar este sorteo en línea.

LIEN SUR LE SITE TICE

Utilizo

→ Banco de ejercicios p. 136

1 Le passé composé (*el pretérito perfecto*)

Observo

Hoy, Susana ha dibujado una flor.
Esta noche, habéis comido en el restaurante.
Esta tarde, hemos vivido una gran experiencia.
Los niños han ido al cine.
Las notas que yo he tenido son muy buenas.

Comprendo

- *On forme le passé composé* ***uniquement*** *avec l'auxiliaire* haber *au présent de l'indicatif suivi du* ***participé passé*** *du verbe.*
- *Le participe passé est* ***toujours invariable*** *au passé composé.*
- *En espagnol, ce temps s'utilise surtout pour parler d'un événement passé qui a encore une relation avec le présent. Dans les autres cas, on utilise le passé simple.*
- ***Formation du participe passé***

– *verbes en* **-ar** : *radical* + -ado :
hablar → hablado
– *verbes en* **-er** *et* **-ir** : *radical* + -ido
aprender → aprendido
vivir → vivido

- ***Le passé composé***

hablar	aprender	vivir
he hablado	he aprendido	he vivido
has hablado	has aprendido	has vivido
ha hablado	ha aprendido	ha vivido
hemos hablado	hemos aprendido	hemos vivido
habéis hablado	habéis aprendido	habéis vivido
han hablado	han aprendido	han vivido

- ***Participes passés irréguliers***

abrir → abierto
decir → dicho
escribir → escrito
hacer → hecho
leer → leído
poner → puesto
traer → traído
ver → visto
volver → vuelto

¡OJO! *On ne peut rien intercaler entre l'auxiliaire et le participe passé. L'auxiliaire et le participe passé sont inséparables ! Ce n'est pas le cas en français.*
No ha hecho **nada**. *Il n'a* ***rien*** *fait.*

Me entreno

1. Pon las frases siguientes en pretérito perfecto.

a. Tengo que ir a clase.
b. Escribes un e-mail a tu amigo.
c. Vemos una película.
d. Vais a la piscina.
e. Juan come mucho.
f. Dicen la verdad.
g. Volvéis tarde.

2 Le superlatif absolu (= très)

Observo

Las alumnas son muy divertidas = divertidísimas.
Tenemos un profesor muy majo = majísimo.

Comprendo

- *En espagnol, il y a deux manières d'exprimer « très » (le superlatif absolu) :*

– *avec* muy + *adjectif*
– *avec le suffixe* -ísimo/-ísima *ajouté à l'adjectif :*
interesante → **muy** interesante/interesant**ísimo**
fácil → **muy** fácil/facil**ísimo**

- *On accorde en genre et en nombre le superlatif en* -ísimo *avec le nom qu'il qualifie.*

¡OJO! *Il y a toujours un accent sur le premier « í » :* -ísimo, -ísima, -ísimos, -ísimas.

¡Fíjate!
On retrouve la même structure pour le superlatif absolu en italien (*bello* → *molto bello/bellíssimo*) et en français (beau → très beau/bellissime).

Me entreno

2. Pon en superlativo (las dos formas).

a. Una historia original.
b. Un chico normal.
c. Estos alumnos son altos.
d. Los vídeos son interesantes.

3 Les verbes à tournure affective

Observo

A mí me chiflan las vacaciones.
A nosotras no nos vuelve locas el fútbol.
Te encanta el español.
A ellos no les encanta ir al cine.
A Luis le vuelven loco los pasteles.

Comprendo

En espagnol, plusieurs verbes dits « à tournure affective » se construisent comme le verbe gustar. Ils permettent de parler des goûts et le sujet est souvent inversé : **encantar** *(adorer),* **chiflar** *(raffoler),* **volver loco(a)** *(raffoler/aimer à la folie).*

¡OJO! *La négation* **no** *se place devant le pronom complément.* No **le** gusta.

Me entreno

3. Utiliza *volver loco* para construir frases.

a. Alejandro/los toros
b. ella/el ciclismo
c. vosotros/comer helados
d. ellas/los cuentos fantásticos

4. Pon en forma negativa las frases siguientes.

a. A mí me chiflan las fiestas.
b. A Marta le encanta cantar.
c. A nosotros nos encanta cocinar.
d. A ti te chifla el mar.

4 La phrase négative : les indéfinis

Observo

Nada me importa./No me importa nada.
Alicia nunca pelea./Alicia no pelea nunca.
Nadie puede insultarte./No puede insultarte nadie.

Comprendo

• *Quand les adverbes ou pronoms indéfinis* nada *(rien),* nunca *(jamais),* nadie *(personne), qui renforcent la négation, sont placés* ***devant le verbe****, ils entraînent la suppression du* **no**.

• *S'ils sont placés* ***derrière le verbe****, le* **no** *se place devant le verbe comme en français.*
La traduction française est identique dans les deux cas.

Me entreno

5. Construye frases con las palabras siguientes.

a. nada/comprender/María y Samuel
b. en clase/tener/nadie/un bolígrafo
c. (nosotros)/ir/nunca/al teatro
d. interesar/te/nada

¡A pronunciar!

Escucho y repito

1. Escucha las palabras y repite. 51 CD1

2. Escucha el trabalenguas y repite. 52 CD1

Muchos chicos cuentan cuentos,
cientos de cuentos se cuentan,
y cuando suman las cuentas,
al final están contentos
de contarse tantos cuentos.

Comprendo

En espagnol, les sons nasaux [ɑ̃] de « ange », [ɛ̃] de « inventer » et [ɔ̃] de « pompon » n'existent pas. Par conséquent, ***la voyelle devant un -n ou un -m*** *se prononce en se différenciant bien de la consonne.*

Me entreno 53 CD1

Entrénate a pronunciar correctamente estas palabras.

nunca • tanto • alimentos • concierto • andar • interesante • construir • encantar • estudiando • donde • ombligo • jungla • planta

Léxico

¿Somos amigos?

¿Convivimos?

- convivir
- tolerante
- la tolerancia
- la paciencia
- aceptar
- respetar ≠ molestar
- conocer
- comunicarse
- rechazar
- acosar
- el acoso
- pegar
- insultar
- egoísta
- el egoísmo

¿Cómo es nuestra pandilla?

- la pandilla/la pandi
- la banda
- la amistad
- el/la mejor amigo(a)
- el/la compañero(a)
- el amigote
- el/la colega (fam.)
- sincero(a) ≠ hipócrita
- inseparables
- un(a) amigo(a) de verdad
- la sinceridad
- llevarse bien ≠ llevarse mal
- tener [ie] las mismas aficiones

¿Nos gusta o no nos gusta?

- gustar
- encantar
- chiflar
- volver [ue] loco(a)
- interesar
- preferir [ie]

- no gustar nada
- no soportar
- detestar
- odiar
- aborrecer

¿Cómo nos sentimos?

- sentirse [ie]
- solo(a)
- amenazado(a)
- humillado(a)
- alegre
- feliz
- estar triste
- estar angustiado(a)
- la soledad ≠ la compañía
- tener [ie] miedo
- sufrir
- alegrarse

¿Compartimos?

- confiar un secreto
- guardar un secreto
- compartir
- divertirse [ie]
- reír [i]
- ayudar
- aconsejar
- consolar [ue]

1 Completa.

Mi amigo y yo somos…
Un amigo de verdad es…

2 Asocia cada emoticono con un verbo.

3 Asocia cada imagen con un verbo.

4 Cita 4 palabras positivas y 4 palabras negativas.

Me autoevalúo

Lire

1 Lee el texto y contesta a las preguntas.

A Matías le gusta ir a la escuela (casi siempre), los trucos de magia (aunque le salgan mal), los idiomas (sobresaliente en francés) y los números (todos). A Matías se le da muy bien[1] comer croquetas, pensar, reírse a carcajadas[2] y encontrar parecidos razonables entre personas y objetos. A Matías no se le da bien correr ni caminar muy deprisa. Él es más de tirarse a la piscina y hacer el muerto.

Anna Espinach LLavina (escritora española), *Matías, el doctor Einstein y la máquina del tiempo*, 2015.

1. se le da bien: *il est doué pour* - 2. reírse a carcajadas: *rire à gorge déployée*

1. Busca qué cosas le gustan a Matías entre estas: reír - correr - las matemáticas - el colegio - aprender idiomas - el deporte - la magia - la piscina.
Justifica tu respuesta.

2. Define a Matías con cuatro adjetivos.

Réagir et dialoguer

2 En tu colegio preparáis una campaña contra el acoso escolar. Hablas con un compañero(a) para decidir qué acciones podéis hacer para luchar contra este problema.

Parler en continu

3 Después de volver de un viaje escolar en España, explicas a tu familia cómo es tu amigo(a) español(a) y qué habéis hecho juntos(as).
Utiliza el pretérito perfecto y el léxico de la descripción moral.

Mi amigo(a) español(a) es muy simpático(a), nos hemos reído mucho juntos(as)…

Écouter et comprendre

54 CD1 · 41 MP3

4 Escucha la grabación y contesta a las preguntas.

1. ¿Adónde quiere ir Javi y por qué?

2. La madre de Javi no le deja ir al cine porque…

3. ¿Verdadero o falso? Justifica cuando es falso.

a. La madre de Javi conoce a todos sus amigos.

b. A Javi le encanta Javier Bardem.

c. A la madre de Javi no le gusta Arturo.

d. Javi piensa que Arturo puede convencer a su madre para ir al cine.

Écrire

5 Inventa un acróstico (*acrostiche*) sobre tu mejor amigo(a).
Utiliza: el léxico de la descripción moral, *gustar*.

A… porque…
M…
I… porque…
G…
O… porque…

Découvrir des aspects culturels

6 Explica en qué consiste el Día Internacional de la Amistad.

Je suis capable...

A1+

1 … de comprendre les traits de caractère d'une personne.

2 … de parler d'une campagne de sensibilisation.

3 … de parler de mon correspondant espagnol et de ce que l'on a fait ensemble.

4 … de comprendre une conversation sur les fréquentations.

5 … d'écrire un acrostiche sur l'amitié.

6 … de parler de la Journée internationale de l'amitié.

Mi proyecto final

Por grupos: Creamos un test sobre la amistad

TICE — Parcours citoyen

Instrucciones

- **ETAPA 1:** formar grupos de tres alumnos y elegir un título para el test. Redactar diez preguntas.
- **ETAPA 2:** imaginar tres respuestas posibles por pregunta. Luego, imaginar tres resultados posibles.
- **ETAPA 3:** crear una bonita presentación con colores e ilustraciones.
Podéis poner vuestro test en línea en la página web de Pregunta2. Seguid las instrucciones. Publicad el test y dad el enlace a vuestros compañeros y a vuestro(a) profesor(a). LIEN SUR LE SITE
- **ETAPA 4:** cada alumno(a) responde a uno de los tests y, al final, presenta oralmente su resultado.

Material necesario

Hojas de papel, bolígrafos, lápices de colores, una tableta o un ordenador.

Objectifs :

- Je pose des questions sur l'amitié.
- Je parle des liens d'amitié.

J'utilise : le lexique de l'amitié, les mots interrogatifs, le présent de l'indicatif, le passé composé, les indéfinis.

Individual: Creo un diploma del (de la) buen(a) amigo(a)

Parcours citoyen

Instrucciones

- **ETAPA 1:** elegir a un(a) amigo(a).
- **ETAPA 2:** hacer la lista de todo lo que sé de él (ella): gustos, carácter… y hacer su retrato moral.
- **ETAPA 3:** hablarle de nuestra relación (cómo lo/la he conocido…).
- **ETAPA 4:** explicarle por qué es mi mejor amigo(a) (puntos comunes, diferencias, qué hacemos juntos…).
- **ETAPA 5:** ilustrar mi trabajo con fotos, imágenes, objetos que lo (la) representan bien. Puedo crear el diploma con Powerpoint u otro programa.
- **ETAPA 6:** enseñar mi trabajo a mi profesor(a) y regalarlo a mi amigo(a).

Material necesario

Hojas de papel, bolígrafos, lápices de colores, cartulina, una tableta o un ordenador.

Objectifs :

- Je fais un portrait moral.
- Je raconte une histoire d'amitié.
- Je compare deux caractères.

J'utilise : les adjectifs du portrait moral, le présent de l'indicatif, le passé composé, les indéfinis, les expressions de comparaison.

4 ¡Comuniquemos!

¿Qué opinas de la comunicación en esta familia?

Luisa Vera D'Augusta (ilustradora española), *La cena de Nochebuena*, 2000.

Je vais apprendre à

- Parler des activités en famille
- Comprendre l'importance de parler aux autres
- Comprendre un désaccord
- Parler de rivalités
- Comprendre l'usage et les limites des nouvelles technologies
- Formuler des interdictions

Je vais utiliser

- Le présent du subjonctif
- Le but : *para que* + subjonctif
- L'expression du souhait
- *Ser* et *estar*
- L'expression de l'ordre : l'impératif
- L'expression du conseil
- La défense : *no* + présent du subjonctif

Je vais découvrir

- Le *Spanglish* Parcours artistique et culturel
- Les mennonites d'Amérique du Sud

Mi proyecto final

1. Creamos un tutorial para que las familias resuelvan sus problemas con las nuevas tecnologías (por grupos). TICE

2. Creo un cartel para prevenir los riesgos de Internet (individual).

Mon objectif ▸ Parler des activités partagées en famille

Compartir con la familia

1. OBSERVO Y HABLO

1. ¿Qué anuncia el cartel?
2. El cartel propone varias actividades: identifícalas y preséntalas.
3. ¿Qué actividades te gustaría hacer con tu familia? Justifica.

• globoflexia: *sculpture de ballons* • hinchable: *gonflable*

2. LEO Y HABLO

Las actividades familiares en casa son un plan ideal para el mal tiempo y para disfrutar de unos días libres con los niños. Es importante realizar manualidades[1] originales o colorear dibujos para que los niños expresen sus capacidades artísticas. Las actividades manuales son el mejor pasatiempo para que desarrollen[2] su imaginación y su fantasía, y así enriquezcan[3] su capacidad intelectual.
Es fundamental que los niños descubran valores como la amistad, la comprensión, la tolerancia, la paciencia, la solidaridad y el respeto. Otra manera de fortalecer los lazos[4] familiares: es necesario que la familia salga de casa y disfrute de algún tiempo juntos viendo películas o haciendo deporte.

Adaptado de www.guiainfantil.com

1. manualidades: *travaux manuels* - 2. para que desarrollen: *pour qu'ils développent* - 3. enriquezcan: *(qu'ils) enrichissent* - 4. fortalecer los lazos: *renforcer les liens*

Ayuda CD2 1 — MP3 42
- un globo: *un ballon*
- el tiro con arco
- un castillo: *un château*
- desplazarse sobre un circuito de cuerdas: *faire de l'accrobranche*
- patinar

1. ¿De qué tipo de actividades trata este texto?
2. Es importante que los niños…
3. Para tener una familia unida, es fundamental que…
4. Y tú, ¿qué actividades compartes con tu familia?

Memoriza...

Le présent du subjonctif [p. 72]
- v. réguliers en *-ar* (*a* → *e*) : radical + *-e*, *-es*, *-e*, *-emos*, *-éis*, *-en*
- v. réguliers en *-er*/*-ir* (*e*/*i* → *a*) : radical + *-a*, *-as*, *-a*, *-amos*, *-áis*, *-an*
- verbes en *-go* (1re pers. sing. du prés. ind.) → *-ga*

hacer: *haga*, *hagas*, *haga*, *hagamos*, *hagáis*, *hagan*

Emplois du présent du subjonctif [p. 72]
- ***Es importante/necesario/fundamental que* + subj.**

Es importante que compartamos momentos en familia.
- **L'expression du but : *para que* + subj.**

Su madre le lleva al conservatorio para que aprenda a tocar el violín.

... y entrénate

1. Pon en presente de subjuntivo.
a. compartir/nosotros
b. disfrutar/ellos
c. salir/usted
d. correr/tú

2. Conjuga en presente de subjuntivo.
a. Es necesario que le (escribir/nosotros).
b. Es fundamental que (respetar/ustedes) las reglas.
c. Es importante que (hacer/vosotros) actividades manuales.
d. Es necesario que (disfrutar/ellos) de momentos en familia.

Es importante comunicar

1. ESCUCHO Y HABLO
2 CD2 · 43 MP3 · P. 40

Mila entra en la habitación de su amiga Sonia para charlar. Escucha la conversación y contesta a las preguntas o completa.

a. Explica por qué Sonia está triste.

b. El padre pide que… mientras que la madre…

c. ¿Cuál es el problema de Sonia con sus padres?

d. Sonia le propone a Mila que… entonces…

Ayuda 3 CD2 · 44 MP3

- el bosque: *le bois*
- la naturaleza: *la nature*
- una campaña de sensibilización
- la pobreza: *la pauvreté*
- ser pobre ≠ ser rico
- mendigar: *mendier*
- la indiferencia
- echar una mano = ayudar

2. LEO, OBSERVO Y HABLO

Campaña de Unicef, "Para cada niño, un acto de humanidad", 2016.

- a su lado: *à côté d'eux*
- sin verlos: *sans les voir*

1. Presenta el documento (tipo, lugar…).

2. El documento se divide en dos partes: a la izquierda…, y a la derecha…

3. De estos valores: comprensión, tolerancia, solidaridad, respeto, ¿cuál te parece más adecuado para esta foto? Explica.

4. ¿Qué denuncia el cartel?

Memoriza

Verbes irréguliers au présent du subjonctif [p. 72]

ir: *vaya, vayas, vaya, vayamos, vayáis, vayan*

Mi amiga propone que vayamos a la playa.

ser: *sea, seas, sea, seamos, seáis, sean*

Nos pide que seamos más solidarios.

Emplois du subjonctif : *pedir/proponer que* + subj. [p. 72]

Mi madre me pide que venga con ellos.

Les adjectifs démonstratifs

este, esta, estos, estas → *Esta tarde, voy al cine.*

ese, esa, esos, esas → *Ese chico es malo.*

→ Me entreno p. 72

Mi misión — TICE

Denuncio una injusticia y trato de resolverla

Utilizo: las estructuras con el presente de subjuntivo (*es importante que…, quiero que…, propongo que…*), el léxico de los valores.

Has visto algo inadmisible (un niño mendigo, un chico aislado en el patio del recreo…), denúncialo en la radio de tu colegio realizando un clip audio.

Mon objectif ▸ Comprendre un désaccord

¿De acuerdo?

1. VEO Y HABLO

VIDEO 4

P. 42

Fotograma de *Padres*, una serie cómica de la cadena española Antena 3, 2010.

Ve el vídeo y contesta a las preguntas o completa.

a. Lista las cosas qué está haciendo Dani cuando llega su madre.

b. Según Dani, la nueva generación es… porque los jóvenes son capaces de…

c. ¿Cómo reacciona la madre y qué quiere que haga entonces Dani?

d. Al final, ¿qué va a hacer la madre?

2. INTERACTÚO

Con tu compañero(a), imagina un diálogo entre dos amigos.

Vais a pasar la tarde juntos pero tenéis puntos de vista muy diferentes sobre cómo ocupar vuestro tiempo: a uno(a) le gustan las nuevas tecnologías, el (la) otro(a) quiere salir y estar al aire libre. Al final, decidís qué hacer.

Ayuda

4 CD2 · 45 MP3

- una tarea (doméstica): *une tâche ménagère*
- ser autoritario(a), severo(a) ≠ ser indulgente, permisivo(a)
- ser capaz de: *être capable de*
- fregar [ie] el suelo: *laver le sol*
- poner una lavadora: *faire une machine*
- hacer planes
- estar de acuerdo: *être d'accord*
- convencer: *convaincre*
- conformarse con: *se contenter de*

Memoriza…

L'expression du souhait :

***querer/desear que* + présent du subjonctif** [p. 72]

Su padre quiere que estudie más.

Su madre desea que todos colaboren en casa.

***Ser* pour parler du caractère de quelqu'un** [p. 72]

Su padre es muy autoritario.

La directora es comprensiva.

***Estar* pour exprimer un état ou un sentiment**

Están desesperados.

Está triste.

→ Me entreno p. 72-73

… y entrénate

1. Transforma según el modelo.

Jorge no trabaja. → Quiero que Jorge trabaje.

a. No eres comprensivo.

b. Bea no ayuda en casa.

c. No sois obedientes.

d. Mis padres no me comprenden.

2. Completa con *ser* o *estar*.

a. Sus padres …… muy comprensivos.

b. Este chico …… rebelde.

c. (Nosotros) …… cansados de esta situación.

d. (Vosotros) …… simpáticos.

¡Dame eso!

1. LEO Y HABLO

1. Di qué tipo de documento es y presenta a los personajes.
2. Completa las frases.
   El Rubius grita porque…
   Mangel quiere que…
3. ¿Qué piensas de la reacción de Mangel?

2. ESCRIBO

Imagina el final de esta escena que opone El Rubius a Mangel.

Ayuda

5 CD2 46 MP3

- gafas de realidad virtual
- estar contento(a)
- ser/estar celoso(a): *être jaloux(se)*
- ser envidioso(a): *être envieux(se)*
- dar envidia: *faire envie*
- envidiar: *envier*
- enseñar: *montrer*
- prestar: *prêter*
- acabar de (hacer algo): *venir de (faire quelque chose)*

El Rubius (*youtuber* español) y Lolita Aldea (ilustradora española), *El Rubius, virtual hero*, 2015.

• sordo: *sourd* • traer: *apporter* • infarto: *infarctus* • llorar: *pleurer* • enviar: *envoyer* • cosas chulas: *super trucs* • dejar: *laisser* • es mío: *c'est à moi*

Memoriza

Verbes irréguliers au présent du subjonctif [p. 72]
dar (donner): *dé, des, dé, demos, deis, den*

L'expression de l'ordre : l'impératif [p. 73]
• *tú:* 2e pers. sing. du présent de l'indicatif moins -*s*
miras → *¡Mira!*
• *vosotros:* infinitif moins -*r*, plus -*d*
llegar → *¡Llegad a tiempo!*

L'enclise à l'impératif
déjame - cállate - cuéntanoslo

→ Me entreno p. 72, 73

Mi misión

¡A resolver un problema!

Utilizo: el imperativo, *querer que* + presente de subjuntivo.
Un chico le ha tomado su consola a su hermano mayor para jugar un rato.
Con un(a) compañero(a), imaginad el diálogo entre los dos hermanos cuando el (la) mayor quiere recuperar su consola.
—*¿Tienes mi consola?*

¿Un adelanto?

1. OBSERVO Y HABLO

Andrés Faro (dibujante español), 2016.

1. **Presenta el documento y describe las dos viñetas.**
2. **Observa la reacción del ciervo y la de las personas que atraviesan la calle. ¿Qué diferencias notas?**
3. **Y tú, ¿cómo te comportas cuando cruzas?** Enseignement moral et civique

2. VEO Y ESCRIBO

VIDEO 5

Fred Lammie (animador panameño), *Tú dependes de mí*, 2015.

Ayuda

6 CD2 · 47 MP3

- un peligro: *un danger*
- peligroso(a): *dangereux(euse)*
- atravesar [ie] la calle = cruzar
- una señal de tráfico: *un panneau de signalisation*
- un ciervo: *un cerf*
- darse cuenta de que: *se rendre compte que*
- estar absorto(a) por: *être captivé(e) par*
- gracias a: *grâce à*
- depender de = ser dependiente de
- tener cuidado: *faire attention*
- un enchufe: *une prise* (électrique)

1. **¿Quién canta en este vídeo y a quién se dirige?**
2. **Haz la lista de todo lo que se puede hacer gracias al móvil.**
3. **A pesar de las ventajas del móvil, ¿qué tipo de comportamiento denuncia esta animación?**
4. **Escribe una lista de tres consejos para el buen uso del móvil.**
   Te aconsejo que…/Te recomiendo que…/Es mejor que…

Memoriza...

Emplois du subjonctif : exprimer un conseil avec *aconsejar/recomendar/es mejor que* + subjonctif [p. 72]

Te aconsejo que no uses tu móvil en la mesa.
Es mejor que bajes el volumen.

La préposition *con* (avec) indique l'accompagnement

Juega con sus amigos. ¿Estás de acuerdo con ellos?

• Forme spéciale avec les pronoms personnels *mí* et *ti*

¡Habla conmigo! Llévalo contigo.

La préposition *sin* (sans) indique l'absence

¡Estás perdido sin tu móvil!

... y entrénate

Transforma en consejos según el ejemplo.

No publicar fotos privadas/tú
→ Es mejor que no publiques fotos privadas.

a. Dejar de jugar tanto a la consola/tú.
b. No escribir SMS mientras cruzar la calle/mi hermano.
c. No responder a solicitudes de desconocidos/ellos.
d. Mirar antes de cruzar/vosotras.

No olvides estos consejos

1. LEO Y HABLO

1. **¿A quién se dirige este documento?**
2. **Lee los consejos del cartel y di si las frases son verdaderas o falsas. Justifica tu respuesta.**
   a. Puedes decir tus contraseñas a tus amigos.
   b. No abras correos de desconocidos.
   c. Tus padres pueden ayudarte.
   d. Puedes dar tu número de móvil en la red.
3. **¿Qué riesgos para los niños quiere evitar el cartel?** Enseignement moral et civique

Ayuda 7 CD2 48 MP3
- navegar por Internet
- chatear
- una advertencia: *une mise en garde*
- un delincuente sexual
- el respeto
- la intimidad

Campaña de la red de innovación social de Andalucía Guadalinfo.es.

• datos: *données* • desconocidos: *inconnus* • pesado(a): *lourd(e)*
• una asignatura: *une matière* • una contraseña: *un mot de passe*

2. INTERACTÚO

Y tú, cuando estás fuera de casa, ¿cómo utilizas el móvil? Compara tus hábitos con los de tu compañero(a).

Alumno(a) 1: *Pues, yo…*
Alumno(a) 2: *Yo también…/En cambio, yo…*

Memoriza

L'expression de la défense : *no* + subj. [p. 73]
No hagas bromas pesadas.
No digas tus datos personales.

L'apocope devant un nom masculin singulier
Tienes que perder este mal hábito.
Ningún uso de móvil está autorizado en clase.

Les pronoms COD et COI
Enséñale a tus padres.
Solo pueden saberlas tus padres.

→ Me entreno p. 73

Mi misión

Doy consejos y recomendaciones

Utilizo: el imperativo, *no* + presente de subjuntivo, los consejos, el léxico de las nuevas tecnologías.

Crea eslóganes para dar consejos y recomendaciones sobre el uso de Internet, los videojuegos y el móvil.

Preséntalos a tu clase y ponlos en la pared del aula.

El rincón de la canción 8 CD2

¡No te metas a mi Facebook!

Estribillo

No te metas[1] a mi Facebook,
no te metas por favor.
Cada vez que tengo un *inbox*,
me provoca poner *"close"*, *"close"*.
No te metas a mi Facebook,
no te metas por favor.
Cuando escribas melodramas
no me lo hagas por el *wall*, *wall*, *wall*...

De 620 amigos te relacionas con 10,
90 desconocidos más 60 *friend requests*.
Te buscan, rebuscan, pronto te van a ver.
Junticos, toditos, apuéstenle[2] a la red.
200 eventos, a los que debes ir,
aceptas a todos aunque no quieras ir.
Tu vida es difícil, tienes que decidir:
aplica la regla, ponle a todos *"maybe"*.

Letra, música e interpretación: ESTEMAN (cantante colombiano), 2010.

1. No te metas a mi Facebook: *(ici) Ne va pas sur mon Facebook* -
2. apuéstenle a: *misez sur*

1. Escucha la canción de Esteman y di cuál es el tema de la canción.

2. Fíjate en las palabras utilizadas. Da ejemplos de palabras en otro idioma que usas al hablar.

3. Cita las contradicciones que denuncia el cantante sobre las redes sociales.

4. Las relaciones de amistad en las redes sociales llegan a ser: profundas/triviales/ sinceras/superficiales/ fútiles/intensas.

5. Te toca a ti: ¡a cantar!

Club de teatro 9 CD2

Fuera de control

Una chica está delante de su ordenador, pasa su padre...

PADRE: A ver esas fotos que estás pasando, ¿puedo verlas?
HIJA: Son del otro día en la piscina.
PADRE: Sí, ya veo, pero, ¿a ti te parece correcto subir[1] todas esas fotos en biquini y tan "sugerentes"?
HIJA: ¿Qué pasa? Son fotos normales, si todo el mundo puede verme de verdad en la piscina, ¿por qué no pueden verme en fotos?
PADRE: Te he explicado muchas veces que lo que se cuelga[2] en Internet queda fuera de control, es mejor que no publiques fotos privadas.
HIJA: ¡Qué manía! Si solo está en Tuenti y solo mis amigos pueden verlo, además está puesto para que nadie pueda descargarlas[3].

Adaptado de www.hijosdigitales.es, 2012.

1. y 2. subir/colgar fotos: *mettre des photos sur Internet* - 3. descargarlas: *les télécharger*

1. Presenta la escena.

2. Di lo que opone a los dos personajes.
El padre no quiere... mientras que su hija...

3. En parejas, memorizad el diálogo y representadlo en clase.

Una familia conectada

Compara los dos dibujos de la familia y busca las seis diferencias.

La contraseña

Tu compañero de clase, Luis, ha olvidado su contraseña *(mot de passe)* para conectarse a su sesión en el colegio. ¡Ayúdale! Busca los imperativos necesarios y, con las letras señaladas, encontrarás su contraseña.

	IMPERATIVO	
	2ª persona del singular	2ª persona del plural
Poner	_ _ _ 3ª letra	
Mirar	_ _ _ _ 4ª letra	
Comer		_ _ _ _ _ 5ª letra
Decir	_ _ 2ª letra	
Ser		_ _ _ 2ª letra

La contraseña de Luis es _ _ _ _ _

La pantalla de los subjuntivos

Mira cada dibujo y relaciona con el dedo los elementos de cada frase. Al mismo tiempo di la frase en voz alta conjugando el verbo entre paréntesis en subjuntivo.

Comunicación y lenguaje

1. ¿HABLAS ESPANGLISH?

El espanglish (o *spanglish*) es un “idioma” formado a partir del español y de términos anglosajones, y es hablado por una mayoría de los 39 millones de hispanos que viven en Estados Unidos. El espanglish se usa cada vez más en la tele, la radio, la música, la publicidad pero todavía es poco considerado en la literatura.

10 CD2 · 49 MP3

Un diálogo

Anita: Hola, good morning, ¿cómo estás?
Mark: Fine, ¿y tú?
Anita: Todo bien. Pero tuve problemas parqueando my car this morning.
Mark: Sí, I know. Siempre hay problemas parqueando in el área at this time.

Más expresiones

—Vivo en un flat pequeño.
—Tuvo un baby y está muy cute.
—Me gusta chopear.
—Fowardéame ese mail.

1. **Lee el diálogo e intenta traducirlo al español.**

2. **En las expresiones, identifica las palabras de origen inglés y reemplázalas por una expresión española de la lista siguiente:**
lindo - enviar - ir de compras - correo electrónico - bebé - apartamento.

Ilan Stavans, doctor en Letras Hispánicas y especialista en espanglish, ha traducido al espanglish el primer capítulo de *Don Quijote de La Mancha*, obra maestra de la literatura española, de Miguel de Cervantes. Así empieza…

Español *En un lugar de la Mancha, de cuyo nombre no quiero acordarme…*

Espanglish In un placete de La Mancha of which nombre no quiero remembrearme…

2. Y TÚ, ¿QUÉ OPINAS?

El espanglish: ¿evolución natural del español para los hispanos de los Estados Unidos o empobrecimiento de la lengua?
Ordena los argumentos a favor y los argumentos en contra del uso del espanglish.

1. El espanglish toma las mejores palabras de cada idioma.
2. Un idioma es como un ser vivo, cambiante: usar el espanglish es reconocer esta evolución.
3. El riesgo del espanglish es que los hispanos empiecen a olvidarse de las palabras de su idioma de origen y no aprendan correctamente el inglés.
4. Es natural que hoy, gracias a la globalización, se tienda a fusionar idiomas.

Los menonitas: desconectados del mundo

Niños menonitas jugando con una cometa, Bolivia, 2012 (foto de Jordi Ruiz Cirera).

Los orígenes

Los menonitas son de origen germánico. Su nombre viene del sacerdote **Menno Simons** (1496-1561) quien creó las comunidades. A partir de **la década de 1930**, por razones religiosas y políticas, huyeron[1] del Imperio ruso para instalarse en los Estados Unidos y Canadá. En América Latina son más de 600.000 menonitas. **En Bolivia**, hay unas **50 colonias** de entre 1.000 y 6.000 habitantes.

1. huyeron: *ils ont fui*

Un tractor sin neumáticos.

Una vida muy sencilla

En las comunidades **más estrictas**, los menonitas viven **sin electricidad** en casas austeras. Los hombres trabajan en el campo, las mujeres se dedican a las tareas de la casa y a cuidar de sus numerosos hijos; existen matrimonios con hasta **veinte hijos**.

Una comida familiar (foto de J. Ruiz Cirera).

"El progreso es un monstruo"

Los menonitas no tienen automóviles, pueden usar carretas[1] tiradas por caballos llamadas *buggies*. En algunas comunidades menos estrictas, hay tractores… **¡sin neumáticos!** Dicen: "Si ponemos goma[2], los jóvenes podrían ir a la ciudad". **La música está prohibida** "porque aturde[3] el espíritu", lo mismo que el alcohol.

1. carretas: *des charrettes* - 2. goma: *pneu* - 3. aturde: *étourdit*

Un menonita, o menono, trabajando la tierra, Bolivia, 2012 (foto de J. Ruiz Cirera).

Desconectados…

Los menonitas consideran que el teléfono, la televisión o Internet son una **"fuente de tentaciones"**. En la escuela, los niños aprenden la lengua *plattdüütsch*, **un dialecto antiguo** del alemán medieval con el que se comunican. Solo los hombres hablan español para hacer negocios con los latinoamericanos.

… y autosuficientes

Los menonitas compran lo que necesitan en tiendas de la comunidad: alimentos que **ellos mismos producen**, tejidos[1] hechos a mano con los que fabrican su ropa…

1. tejidos: *des tissus*

Tienda menonita (foto de J. Ruiz Cirera).

1. **¿De qué origen son los menonitas?**
2. **Explica en qué consiste la vida cotidiana en una comunidad menonita.**
3. **Para los menonitas, "el progreso es un monstruo": lista las prohibiciones.**
4. **¿Pueden comunicar los menonitas con los otros habitantes del país?**
5. **¿Qué te parece el tipo de vida de los menonitas?**

Si quieres saber más acerca de los menonitas: VIDEO

Utilizo

→ Banco de ejercicios p. 136

1 Le présent du subjonctif

Observo y comprendo

Les verbes réguliers

Le présent du subjonctif se forme à partir du radical des verbes à l'indicatif.

conversar	responder	escribir
converse	responda	escriba
converses	respondas	escribas
converse	responda	escriba
conversemos	respondamos	escribamos
converséis	respondáis	escribáis
conversen	respondan	escriban

¡OJO! *Au présent du subjonctif, la diphtongue* [e → ie, o → ue, u → ue] *se fait aux mêmes personnes qu'au présent de l'indicatif, alors que l'affaiblissement* [e → i] *se fait à toutes les personnes.*

Les verbes irréguliers

ir: vaya, vayas, vaya, vayamos, vayáis, vayan
saber: sepa, sepas, sepa, sepamos, sepáis, sepan
ser: sea, seas, sea, seamos, seáis, sean
ver: vea, veas, vea, veamos, veáis, vean

*Les verbes irréguliers à la **1re pers. du présent de l'indicatif** gardent cette irrégularité à toutes les personnes du présent du subjonctif.*

conocer *(conozco)*: , conozca, conozcas, conozca, conozcamos, conozcáis, conozcan

Me entreno

1. Conjuga los verbos en presente de subjuntivo.

a. Quiero que mis padres me (comprender).
b. Es importante que (decir/vosotros) la verdad.
c. Te aconsejo que (tener) cuidado con el uso del móvil.
d. La llama para que Rocío (ir) a la fiesta.

2 Emplois du présent du subjonctif

Observo

Su familia quiere que siga los estudios.
Te aconsejamos que seas más prudente.
Te lo repito para que quede claro.

Comprendo

Le présent du subjonctif s'emploie pour :

- *exprimer un souhait, une volonté avec des verbes comme* **querer que/desear que** ;
- *exprimer un conseil avec* **aconsejar que/es mejor que** ;
- *exprimer un but après* **para que**.

¡Fíjate!

En français, on utilise également le présent du subjonctif pour exprimer un souhait, un conseil ou le but.
Ex. : Sa famille veut qu'il **poursuive** ses études. Je te le répète pour que ce **soit** bien clair.

Me entreno

2. Conjuga los verbos en presente de subjuntivo.

a. Le aconsejo que (hacer/él) lo que dicen sus padres.
b. Deseamos que (ser/vosotros) siempre amigos.
c. Insiste para que no (hablar/ellos) con desconocidos.
d. Es mejor que no (dar/usted) sus datos privados.

3 *Ser* et *estar*

Observo

Su padre es autoritario. Somos grandes amigos.
Carmen está muy angustiada. Estoy contenta.

Comprendo

Ser *permet de définir ou de décrire une personne moralement ou physiquement.* Estar *permet d'indiquer un état, une caractéristique souvent passagère.*

Me entreno

3. Completa con *ser* o *estar*.

a. Alberto ...... mi primo.
b. Vas a hacer un examen, por eso (tú) ...... nerviosa.
c. Tú y yo ...... cansados.
d. Los profesores ...... muy pacientes.

4 L'expression de l'ordre : l'impératif

Observo

Apaga el móvil.
Escuchad al profesor.

Comprendo

• *Pour formuler un ordre à la 2e pers. du singulier, on part de la 2e pers. du sing. du présent de l'indicatif et on retire le* ***s*** *final :* (tú) apaga~~**s**~~ → apag**a**

• *Pour formuler un ordre à la 2e personne du pluriel, on part de l'infinitif et on remplace le* ***r*** *final par un* ***d*** *:* escucha~~**r**~~ → escucha**d**

¡OJO! *Il existe huit verbes irréguliers à la 2e pers. du sing. de l'impératif.*

poner: pon	ser: sé	salir: sal	ir: ve
decir: di	tener: ten	hacer: haz	venir: ven

Pon - di - sé - ten
Sal - haz - ve - ven

Repète-les cinq fois et tu t'en souviendras toujours !

Me entreno

4. Conjuga los verbos en imperativo (tú y vosotros).

a. Apagar el móvil.
b. Dejar de jugar a la consola.
c. Decir la verdad.
d. Ordenar la habitación.
e. Poner la mesa.
f. Escuchar la lección.

5 La défense : *no* + présent du subjonctif

Observo

No grites.
No pongas esa cara.
No vayáis tan lejos.
No seáis impertinentes.

Comprendo

Pour exprimer la défense, on utilise **no** + ***présent du subjonctif*** *à toutes les personnes.*

Me entreno

5. Transforma según el modelo.

Hacer eso/tú → No hagas eso.

a. salir esta noche/tú
b. volver tarde a casa/vosotros
c. decir mentiras/nosotros
d. dejar la ventana abierta/usted
e. ponerse insolente/tú

Pedro, el guitarrista del grupo Arroba, se enredó en las redes, se perdió en Twitter…
¡Es terrible! Ahora, solo toca la guitarra virtual para sus tres o cuatro tuiteros…

¡A pronunciar!

Escucho y repito

1. Escucha las palabras y repite. 11 CD2

2. Escucha el trabalenguas y repítelo lo más rápido posible. 12 CD2

Comprendo

• *Le -r se prononce légèrement roulé, comme si on allait prononcer un « l » :* ordenador.
• *Lorsque le -r est en début de mot, le roulement est doublé :* ratón, rojo.
• *Le -rr : le roulement est doublé quand il y a deux « rr » :* herramienta, correo.

Me entreno 13 CD2

Lee las palabras siguientes y después escúchalas.

un peligro • arriba • Internet • un correo electrónico • la red • interactivo • virtual • corregir

Para comunicar

Interactuar

- hablar = conversar
- charlar
- dialogar
- expresarse
- explicar
- compartir
- dar su punto de vista
- recomendar [ie]
- argumentar
- llevarse bien/mal

Comunicar con las nuevas tecnologías

Con Internet

- chatear
- conectarse
- enviar un mensaje/e-mail
- mandar un SMS
- crear una contraseña

En las redes sociales

- registrarse = inscribirse
- crear un perfil
- colgar [ue] = subir un archivo

Cuando llegan los desacuerdos

- discutir
- gritar
- quejarse
- regañar
- dar órdenes
- resolver [ue] un conflicto
- denunciar
- convencer
- conformarse con (ideas)
- aconsejar
- advertir [ie]

Argumentar

- pienso que
- creo que
- en mi opinión
- a mi parecer
- para mí
- me parece
- (no) estoy de acuerdo

1 Observa esta "sopa de sílabas" y encuentra cuatro verbos de la ficha.

2 Asocia estos dibujos con los verbos o expresiones correspondientes.

3 ¿Cuáles son los verbos que corresponden a las definiciones siguientes?

1. Conversar con amigos por el ordenador.
2. Dar datos personales.
3. Escribir a un(a) amigo(a) por las redes sociales.
4. Abrir una sesión.

Me autoevalúo

Écouter et comprendre

14 CD2 · 50 MP3

1 Escucha la conversación y contesta a las preguntas.

1. Presenta la escena: personajes, acción y temas tratados.

2. Escoge la respuesta correcta.

a. La madre se lamenta de que su hija esté todo el día en su habitación porque está chateando/está muy triste.

b. El padre quiere que su hija mande un mensaje/estudie.

3. ¿Por qué parece que Pilar es dependiente de las nuevas tecnologías?

4. Al final, la madre de Pilar decide…

Lire

2 Lee el texto y contesta a las preguntas.

Consejos de seguridad[1] de Pokémon Go

Primer consejo: cuando estás fuera[2] jugando a Pokémon GO, presta atención en todo momento a tus alrededores[3].

Segundo consejo: no juegues a Pokémon GO mientras estés montando en bicicleta.

Tercer consejo: si aparece un Pokémon en un lugar inaccesible, no intentes[4] atraparlo. ¡Tendrás otras oportunidades de capturar a ese Pokémon!

Cuarto consejo: cuando estés usando la función de la cámara en Pokémon GO, asegúrate de que todos los que aparecen en la foto están de acuerdo en salir en ella y averigua que no haya nada personal en la foto que no quieras compartir.

Quinto consejo: planea descansos[5] regulares.

Esperamos que estas recomendaciones te ayuden a tener una experiencia divertida mientras juegas a Pokémon GO.

Bueno, ¿a qué esperas? ¡Levántate y sal afuera!

Adaptado de www.pokemongo.com

1. seguridad: *sécurité* - **2.** fuera: *dehors* - **3.** tus alrededores: *autour de toi* - **4.** no intentes: *n'essaie pas* - **5.** descansos: *des pauses*

1. ¿A quién se dirige este documento?

2. ¿Cuáles son los riesgos *(risques)* si no se respetan estos consejos?

3. Imagina otras advertencias que puedes dar a un jugador de Pokémon GO.

Écrire

3 Tu mejor amigo(a) pasa un fin de semana en familia en un parque de atracción que tú ya conoces *(que tu connais déjà)*. Mándale un SMS para aconsejarle sobre las atracciones.

Te recomiendo que… Es importante que…

Parler en continu

4 Le digo a mi compañero(a) qué aparatos electrónicos (móvil, tableta, ordenador portátil…) tengo en casa y le explico cómo los utilizo.

Réagir et dialoguer

5 La cuenta de un(a) compañero(a) de clase ha sido pirateada. Por parejas, imaginad el diálogo entre este(a) y su padre sobre cómo recuperar su cuenta.

Découvrir des aspects culturels

6 Explícale a un(a) compañero(a) el origen del espanglish y dale cinco ejemplos.

Je suis capable…

A1+

1 … de comprendre des ordres et des interdictions.

2 … de comprendre des conseils sur l'utilisation d'Internet et des réseaux sociaux.

3 … d'écrire des conseils sur des activités à faire en famille.

4 … de nommer les appareils informatiques que j'ai et comment je les utilise.

5 … d'échanger sur des problèmes liés à Internet.

6 … de parler du *Spanglish*.

Mi proyecto final

Por grupos: Creamos un tutorial para que las familias resuelvan sus problemas con las nuevas tecnologías

TICE

Parcours citoyen

Instrucciones

- **ETAPA 1:** en parejas, buscar varios temas de desacuerdo: estar pegado(a) al móvil, gastar todo su saldo (*forfait*), subir fotos, chatear con desconocidos…
- **ETAPA 2:** seleccionar dos temas y, en un borrador, escribir para cada desacuerdo una trama y una solución que permita resolver eventuales conflictos.
- **ETAPA 3:** grabar un vídeo con el tutorial: presentar los puntos de discordia y las soluciones propuestas. Hablar de manera dinámica y optimista.

Material necesario

Hojas de papel (borrador), bolígrafos, una cámara, una tableta o un móvil para grabar el vídeo, un ordenador.

Objectifs :

– Je présente différents points de vue.
– Je donne mon opinion.

J'utilise : le présent du subjonctif, l'expression du conseil, l'expression de l'ordre avec l'impératif, la défense avec *no* + subjonctif, le lexique des nouvelles technologies, le lexique des relations familiales.

Individual: Creo un cartel para prevenir los riesgos de Internet

Parcours citoyen

Instrucciones

- **ETAPA 1:** pensar en el uso que los jóvenes hacen de Internet y las redes sociales. Reflexionar sobre los riesgos que pueden correr.
- **ETAPA 2:** imaginar la composición del cartel: recomendaciones, eslogan e imágenes.
- **ETAPA 3:** redactar dos consejos, dos prohibiciones y también dos órdenes que los jóvenes deben cumplir. Inventar un eslogan que sea impactante. Seleccionar fotos que ilustren bien la temática de la prevención de los riesgos de Internet.
- **ETAPA 4:** ¡Ya lo tienes todo para realizar el cartel!

Material necesario

Hojas de papel (borrador), una cartulina, rotuladores, lápices de colores, fotos para hacer el montaje, tijeras y pegamento, un ordenador.

Objectifs :

– Je parle des risques liés à l'utilisation d'Internet.
– J'exprime des recommandations, conseils, ordres et interdictions.

J'utilise : le présent du subjonctif, l'expression du conseil, l'expression de l'ordre avec l'impératif, la défense avec *no* + subjonctif, le lexique des nouvelles technologies.

5 Érase una vez...

Carlos Andino
(pintor hondureño),
Don Quijote enamorado, 2005.

A tu parecer, ¿quién es don Quijote?

Je vais apprendre à

- Comprendre un récit au passé
- Comparer le passé et le présent
- Comprendre des souvenirs d'enfance
- Parler des souvenirs et des rêves d'enfant
- Comprendre une histoire fantastique
- Raconter une histoire au passé

Je vais utiliser

- L'imparfait de l'indicatif
- *Hace/desde hace*
- Les marqueurs temporels
- L'expression de l'hypothèse
- Le passé simple (3es pers. du sing. et du pl.)

Je vais découvrir

- La ville de Tolède
- Don Quichotte de la Manche
- Un conte illustré sur Salvador Dalí

Parcours artistique et culturel

Mi proyecto final

1. Creamos un cuento en forma de fotonovela (por grupos). TICE

2. Realizo la obra artística de los recuerdos de mi infancia (individual).

Cuando era capital de España

1. LEO Y HABLO

La catedral de Toledo.

Ciudad industrial y centro mercantil[1], capital de los conventos[2] y los hospitales, la Toledo imperial ostenta[3] una alta representación entre las ciudades de Castilla. [...] En todas las ciudades donde se ubicaba[4] la Corte se debían mejorar las infraestructuras y los servicios. Toledo no era una excepción. Dentro de sus murallas y entramado[5] urbano llegaron a albergarse[6] 50.000 habitantes. [...] De Toledo partían las decisiones políticas, la recepción de autoridades y la celebración de todo tipo de fiestas solemnes, profanas o religiosas. Finalmente, el traslado de la Corte a Madrid, en 1561, eclipsaría a Toledo.

www.abc.es, 2015.

1. mercantil: *marchand* - 2. de los conventos: *des couvents* - 3. ostenta: *montre, affiche.* - 4. se ubicaba: *se situait* - 5. un entramado: *un enchevêtrement* - 6. albergar: *héberger*

1. Apunta los tres elementos que te permiten decir que Toledo era una ciudad importante en el siglo XVI.

2. Elige la respuesta correcta y justifica.

a. Era una ciudad: que tenía rutas y caminos muy prácticos/ que tenía problemas de infraestructura.

b. En Toledo: vivían muchos habitantes/no había una población importante.

c. En Toledo se tomaban decisiones importantes/Toledo no tenía influencia en España.

d. En 1561, Toledo todavía era/ya no era capital de España.

Ayuda 16 CD2 52 MP3

- la Corte: *la Cour*
- el poder: *le pouvoir*
- trasladar: *transférer, déplacer*
- una carretera: *une route*
- la población: *la population*

2. ESCUCHO Y ESCRIBO

15 CD2 51 MP3 P. 50

Durante una visita al Museo del Prado, un guía presenta la ciudad de Toledo a una clase. Escucha la conversación y contesta a las preguntas.

a. Presenta la escena: personajes, lugar de la acción, tema.

b. Apunta la información que da el guía sobre la ciudad (población, monumentos, actividades).

Toledo era/tenía...

c. ¿Qué hacía la gente en aquella época?

d. A tu parecer, ¿cómo era la ciudad? Elige y justifica: dinámica/tranquila/aburrida/importante/ruidosa.

¡Fíjate!

Comme en français, l'imparfait de l'indicatif espagnol sert à décrire, à exprimer une habitude ou une action qui dure ou se répète dans le passé.

Memoriza...

L'imparfait de l'indicatif *(pretérito imperfecto)* [p. 88]

• radical + terminaisons

estar: *estaba, estabas, estaba, estábamos, estabais, estaban*

hacer: *hacía, hacías, hacía, hacíamos, hacíais, hacían*

venir: *venía, venías, venía, veníamos, veníais, venían*

• un verbe irrégulier

ser: *era, eras, era, éramos, erais, eran*

Dire un millésime

La conjonction *y* ne se met qu'entre les dizaines et les unités.

1562: *mil quinientos sesenta y dos.*

... y entrénate

1. Pon las frases en pretérito imperfecto.

a. Estás perdido en el museo.

b. Visita Toledo.

c. Debemos ir al teatro.

d. Vengo de la catedral.

e. ¿Son de Madrid?

f. Tenéis que ir a España.

2. Escribe en letras.

a. 1492 c. 1808 e. 1975

b. 1789 d. 1936 f. 2017

Toledo, antes y ahora

OBSERVO Y HABLO

1. **Presenta el documento (tipo, autor, fecha y tema).**
2. **Describe la ciudad: monumentos, paisajes. ¿Piensas que Toledo era una ciudad importante?**
3. **¿La naturaleza estaba muy presente? Justifica citando los elementos naturales que observas.**
4. **Analiza los colores. ¿Qué sentimiento se desprende del cuadro? Elige una palabra y justifica: tristeza/melancolía/felicidad/ansiedad/optimismo.**
5. **Observa la foto más abajo y compara la Toledo de hoy con la de antes.**
   a. ¿Qué monumentos y elementos del paisaje siguen presentes?
   b. Cita lo que no formaba parte de Toledo en el siglo XVI.
   c. ¿Te parece una ciudad moderna? Justifica.

EL GRECO (pintor español), *Vista de Toledo*, 1597-1599.

Ayuda 17 CD2 53 MP3

- la catedral
- el Alcázar: *l'Alcazar (le palais)*
- la muralla
- una colina
- un río: *un fleuve, une rivière*

La ciudad de Toledo en 2017.

Memoriza

L'imparfait de l'indicatif [p. 88]
ir: *iba, ibas, iba, íbamos, ibais, iban*

L'évocation du passé : *hace/desde hace* [p. 89]
Hace cincuenta años… Il y a 50 ans…
Desde hace diez años… Depuis 10 ans…

Les marqueurs temporels
- **Au présent :** *ahora* (maintenant), *hoy en día* (de nos jours), *actualmente*
- **Au passé :** *antes* (avant), *en aquella época* (à cette époque-là), *antaño* (autrefois), *en el siglo pasado*

→ Me entreno p. 88, 89

Mi misión TICE

Presento los cambios de mi ciudad desde hace diez años

Utilizo: el pretérito imperfecto, *hace/desde hace*, los marcadores temporales.

Busca información en Internet, trae fotos a clase y presenta los cambios que ha sufrido tu ciudad desde hace diez años (instalaciones, transportes públicos, carreteras…).

Antes, en mi ciudad… mientras que hoy en día…

De pequeño...

1. LEO Y HABLO

Mi madre me ha contado que a mi padre le gustaba ir de vacaciones al mar, que se bañaba mucho y que nadaba siempre muy lejos de la orilla[1], hasta dar miedo[2] verle tan lejos. Y que entonces ella me cogía de la mano, me acercaba a la orilla y me decía: "Venga, Miguel, vamos a llamar a papá". Yo, entonces, agitaba los brazos y decía: "Papá, ven[3]". Él nos saludaba desde la lejanía y volvía. Y al salir del agua, con su gorro y sus gafas de nadar todavía puestos, levantaba los brazos, gruñía como si fuera un ogro malvado y corría detrás de mí. Yo, extrañado[4] por esa repentina[5] mutación de mi padre, huía despavorido[6]. Luego, cuando me alcanzaba, me levantaba en brazos, se reía y me comía a besos.

Marcial Izquierdo (escritor español), *El último día de mi vida*, 2007.

1. la orilla: *la berge* - 2. dar miedo: *faire peur* - 3. ven: *viens* - 4. extrañado: *étonné* - 5. repentina: *subite* - 6. huía despavorido: *je m'enfuyais effrayé*

1. Presenta el texto (tema, personajes, momento y lugar de la acción).

2. ¿Qué hacía la familia durante sus vacaciones?

3. Apunta dos elementos del texto que permiten decir que la familia se llevaba muy bien.

4. ¿Piensas que para el niño son recuerdos de infancia felices?

2. ESCUCHO Y HABLO

18 CD2 54 MP3 P. 53

Escucha la entrevista a Víctor Manuel y di por qué ha disfrutado de una infancia feliz. Da ejemplos sobre el lugar y el entorno.

Ayuda 19 CD2 55 MP3

- **recordar [ue] algo**: *se souvenir de quelque chose*
- un **recuerdo**: *un souvenir*
- **contar [ue]**: *raconter*
- un **bosque**: *un bois*
- un **bicho**: *une bestiole*
- **rodeado(a)**: *entouré(e)*

3. ESCRIBO

Compara los recuerdos de Víctor Manuel y de Miguel. Para ti, ¿qué infancia es la más feliz? Justifica tu respuesta.

Memoriza...

L'imparfait de l'indicatif [p. 88]

• *gustar* et *encantar*

A mi padre le gustaba el mar y le encantaba nadar.

• verbes à diphtongue et à affaiblissement

La diphtongue et l'affaiblissement disparaissent à l'imparfait.

Volvía a casa. Preferíamos jugar en el bosque.

L'expression de la simultanéité :

***al* + inf. = *cuando* + verbe conjugué**

Al salir del agua, gritaba. = Cuando salía del agua, gritaba.

... y entrénate

1. Pon en pretérito imperfecto.

a. Les gusta divertirse.
b. Nos encantan los juegos.
c. Puedo ayudarte.
d. Te digo la verdad.
e. Sueles tocar música.

2. Forma frases según el ejemplo.

Llegaba a la playa y me bañaba. → *Al llegar a la playa, me bañaba.*

a. Jugábamos a la gallina ciega y recordábamos nuestra infancia.
b. Leías un cómic y nos mostrabas los dibujos.

¡Qué época tan feliz!

1. LEO Y HABLO

QUINO (dibujante argentino), *Mafalda*.

1. La escena representa a… y a lo mejor tiene lugar…
2. Explica por qué Miguelito está llorando y gritando.
3. ¿De dónde procede lo humorístico de la escena?

Ayuda 21 CD2 57 MP3

- llorar: *pleurer*
- gritar: *crier*
- tirar: *renverser*
- soñar [ue] con: *rêver de*
- un sueño: *un rêve*
- de pequeño(a)/de peque = cuando era pequeño(a)
- increíble: *incroyable*
- el príncipe azul: *le prince charmant*
- un castillo: *un château*
- un cuento de hadas: *un conte de fées*

2. ESCUCHO Y HABLO

20 CD2 56 MP3 P. 55

Escucha el diálogo e identifica los sueños de Raquel y Ramón cuando eran pequeños.

a. *Raquel soñaba con… y se imaginaba…*

b. *Ramón soñaba con… y se veía…*

3. INTERACTÚO

Como Raquel y Ramón, contad vuestros sueños de niñez. Tu compañero(a) te hace preguntas y viceversa.

Alumno(a) 1: *¿Con qué soñabas cuando eras pequeño(a)?*

Alumno(a) 2: *En aquella época…*

Alumno(a) 1: *¡Qué…! Yo, en cambio…*

Memoriza

La phrase exclamative

- ***Qué* + adjectif**

¡*Qué* interesante!

- ***Qué* + nom + *tan/más* + adj.**

¡*Qué* historias *tan* increíbles!

Les adjectifs démonstratifs

Aquel s'accorde en genre et en nombre avec le nom qui suit.

→ *aquel período/aquellos tiempos/aquella época/aquellas épocas*

L'imparfait de l'indicatif [p. 88]

ver: *veía, veías, veía, veíamos, veíais, veían*

→ Me entreno p. 88

Mi misión

Hablo de los "tesoros" de mi infancia

Utilizo: el pretérito imperfecto, la frase exclamativa, *gustar, encantar, al* + inf., *aquel, aquellos, aquella, aquellas.*

Busca en tu memoria los "tesoros" de cuando eras pequeño(a) y lo que significaban para ti.

Historias para no dormir

1. OBSERVO Y HABLO

1. Describe el cartel (su composición, lo que representa).

2. De este cartel, se desprende una impresión de… Justifica tu respuesta.

3. Imagina lo que puede pasar.
Es posible que…/Puede que… /Quizás…

Ayuda 22 CD2 58 MP3

- agarrar: *attraper, saisir*
- perseguir [i]: *poursuivre*
- superar las dificultades: *surmonter les difficultés*
- reñir [i]: *se disputer*
- refugiarse
- escaparse: *s'échapper*
- ser compasivo(a): *être compatissant(e)*

Cartel de la película *Un monstruo viene a verme* (2016), de Juan Antonio Bayona.

2. VEO Y HABLO

VIDEO P. 57

1. Presenta el fragmento (personajes, lugares).

2. El niño tiene una relación muy estrecha con su madre. Apunta los elementos que lo muestran.

3. ¿Por qué y cómo nació el monstruo en la imaginación del niño?

4. Explica cómo la ficción ayudó al niño a escaparse de la realidad. Français

Fotograma de la película *Un monstruo viene a verme* (2016), de Juan Antonio Bayona.

Memoriza…

Exprimer une hypothèse : *Es posible que…/Puede que…/ Quizás…* + présent du subjonctif

Es posible que no lo vea. Quizás el niño tenga miedo.

Le passé simple *(pretérito indefinido)* à la 3e pers. du sing.

Pour exprimer une action ponctuelle et passée.

- **verbes réguliers**

llamar → *llamó* *aprender* → *aprendió* *vivir* → *vivió*

- **quatre verbes irréguliers fréquents**

decir → *dijo* *hacer* → *hizo* *ser* → *fue* *tener* → *tuvo*

… y entrénate

1. Conjuga los verbos en presente de subjuntivo.

a. Es posible que el cuento (acabar) bien.
b. Puede que el monstruo (existir).
c. Quizás la película (tener) mucho éxito.

2. Pon en pretérito indefinido.

a. El niño (asustarse) cuando (aparecer) el monstruo.
b. Mi abuela (vivir) en Toledo.
c. Usted (decir) la verdad.

Te voy a contar...

1. LEO Y HABLO

P. 59

Había una vez una bandada de loros que vivía en el monte. Un día, un hombre bajó de un tiro[1] a un loro que cayó herido[2] y peleó un buen rato antes de dejarse agarrar. El hombre lo llevó a la casa y los chicos lo curaron[3]. El loro se curó muy bien, y se amansó[4] completamente.

Se llamaba Pedrito. Aprendió a dar la pata; le gustaba estar en el hombro[5] de las personas y con el pico les hacía cosquillas[6] en la oreja. Vivía suelto[7], y pasaba casi todo el día en los naranjos y eucaliptos del jardín.

A las cuatro o cinco de la tarde, que era la hora en que tomaban el té en la casa, el loro entraba también en el comedor, y se subía con el pico y las patas por el mantel, a comer pan mojado en leche. Tenía locura por[8] el té con leche.

Tanto se daba Pedrito con los chicos, y tantas cosas le decían las criaturas que el loro aprendió a hablar.

Cuando llovía, Pedrito se encrespaba[9]. Cuando el tiempo estaba mejor, volaba entonces gritando como un loco.

Era, como se ve, un loro feliz, que además de ser libre, como lo desean todos los pájaros, tenía también su *five o'clock tea*.

Adaptado de Horacio QUIROGA (cuentista uruguayo), "El loro pelado", en *Cuentos de la selva*, 1918.

1. bajó de un tiro: *tira un coup de feu* - 2. herido: *blessé* - 3. lo curaron: *le soignèrent* - 4. se amansó: *fut domestiqué* - 5. el hombro: *l'épaule* - 6. cosquillas: *chatouilles* - 7. vivía suelto: *il vivait en liberté* - 8. tenía locura por: *il raffolait de* - 9. se encrespaba: *s'énervait*

Ayuda

23 CD2 · 59 MP3

- cazar: *chasser*
- destruir las cosechas: *détruire les récoltes*
- formar parte: *faire partie*
- cuidar (a/de): *s'occuper (de)*
- cariñoso(a): *affectueux(euse)*
- listo(a) = astuto(a)
- goloso(a): *gourmand(e)*

1. **Presenta el texto, el lugar y lo que pasó.**
2. **¿Qué hicieron los chicos para quedarse con el loro?**
3. **¿Cómo lo llamaron y qué le enseñaron?**
4. **¿Cómo era el loro? Elige dos adjetivos y justifica: cariñoso/listo/lunático/goloso/divertido.**
5. **¿Verdadero o falso? Justifica.** El loro vivía como todos los pájaros.

2. HABLO

Ahora, cierra tu libro y cuéntale de memoria a tu compañero(a) la historia del loro Pedrito.
Primero...

Memoriza

Le passé simple à la 3e pers. du pluriel [p. 88]

• verbes réguliers

llamar → llamaron
aprender → aprendieron
vivir → vivieron

• verbes irréguliers fréquents

decir → dijeron — *ser → fueron*
hacer → hicieron — *tener → tuvieron*

Liens logiques pour structurer un récit

primero: tout d'abord - *luego:* ensuite - *después:* après - *de repente:* soudain, tout à coup - *al final*

→ Me entreno p. 88

Mi misión

Invento un personaje de ficción y cuento una de sus aventuras

Utilizo: el pretérito imperfecto, el pretérito indefinido (3a persona), los conectores de la historia.

Crea y/o dibuja tu personaje de ficción e inventa una breve aventura. Empieza por "Había una vez" y termina por "y colorín colorado, este cuento se ha acabado".

El rincón de la canción

Me voy, me voy

La tarde se dormía,
pensaba y escribía,
y la televisión gritó: ¡Oh, no!
Se oían las noticias[1],
la guerra que seguía,
y lo que dijo un senador:
¡Qué horror!
Se pinta el cielo gris aquí
me voy como cowboy,
me voy.

Estribillo
Me voy con mis botas marrón
a pelear[2] bajo el sol
en un duelo[3] de amor,
me voy, me voy. *(bis)*

Apenas despertaba,
la radio ya gritaba
que se robaron[4] un Van Gogh.
¡Oh, no!
Se pinta el cielo gris, aquí
me voy como cowboy,
me voy.

Letra, música e interpretación: Vázquez Sounds (grupo mexicano), *Me voy, me voy*, 2014.

1. Escucha la canción y contesta a las preguntas. LIEN SUR LE SITE

2. Primero, la escena tenía lugar por… y en la tele…

3. Luego, la escena… y en la radio…

4. ¿Qué sentimientos experimentaba la cantante? ¿Qué hizo?

5. Y ahora… ¡a cantar!

1. las noticias: *les nouvelles*
2. pelear: *se battre*
3. un duelo: *un duel*
4. se robaron: *on a volé*

El club de los poetas

24 CD2

Se llamaba Ficus

Se llamaba… Ficus
Arrogante y esbelto.
¡Casi un gigante!
Con sus brazos en alto
rozaba[1] al sol brillante.
Detrás de él se escondía
la luna vigilante.
Pero me daba una tregua
para dejarme ver
las estrellas titilantes[2].
Por la noche el rocío[3]
encerraba sus hojas
dejándolas como diamantes.
Era el "Depto" de las aves,
que después de volar
distancias inconmensurables,
retornaban a sus nidos
y comenzaban a cantar
como locas delirantes.

Libia Beatriz Carciofetti (poetisa argentina), libypoesias@arnet.com.ar.

1. ¿Quién era Ficus? Justifica tu respuesta.

2. La poetisa lo compara con… porque dice que …

3. ¿Qué sentimientos experimenta la poetisa: tristeza, admiración, nostalgia, indiferencia o alegría?

4. Imagina por qué la poetisa habla de Ficus en pasado: *a lo mejor…/ quizás…/es posible que…*

5. Por parejas, aprended de memoria el poema y presentadlo en clase.

1. rozaba: *frôlait*
2. titilantes: *scintillantes*
3. el rocío: *la rosée*

Valencia ayer y hoy

Compara la Valencia de antes con la Valencia moderna e indica por lo menos cinco diferencias.

El mago del imperfecto

El mago ha transformado el infinitivo de los verbos en pretérito imperfecto. Encuéntralos para contar estos recuerdos o cuentos infantiles.

El pretérito de Pulgarcito

Las piedras de Pulgarcito se han mezclado. Ayúdalo a ordenarlas para formar pretéritos y encontrar los infinitivos.

RON – ZO – BRIE – CU – RON – VIE – CIÓ – VI – DES – FUE – TU – RON – HI – NA – VO

Parcours artistique et culturel

Las etapas de un cuento

1. EL SUEÑO DE DALÍ

1.

Dalí y su amiga Llama, una jirafa, se despertaron durante la noche creyendo que un ladrón estaba robando la casa.

Eran ¡¡¡HORMIGAS[1]!!! Dalí dio un gran salto y las atrapó dentro de un saco, pero las hormigas tenían hambre[2] y lo agujerearon[3]. Dalí y Llama perseguían a las hormigas por toda la casa. ¡Qué buenos estaban aquellos muebles tan extraños! ¡Mmmm!

—¡Si continúan así se comerán toda la casa!

Estaban desolados, miles de sueños pintados habían desaparecido.

De repente se rompió la cáscara de uno de los huevos que decoraban el tejado[4] y salió un oso hormiguero[5] hambriento de color rojo. El oso hormiguero corría como un loco por toda la casa. En un plis-plas todas las hormigas habían desaparecido. ¡Mmmmm! ¡Qué buenas estaban aquellas hormigas barrigudas!

Finalmente Dalí podía volver a dormir tranquilo. Aquella noche tuvo un sueño maravilloso: soñó que un montón de niños habían ido a verle y que cada uno le regalaba[6] un sueño. Así pues, entre todos los sueños hizo uno muy grande y fue así como Dalí volvió a construir su casa de sueños pintados para Gala[7].

Adaptado de Carles Arbat (escritor e ilustrador español), *El sueño de Dalí*, 2003.

2.

4.

1. hormigas: *des fourmis*
2. tenían hambre: *avaient faim*
3. agujerearon: *trouèrent*
4. el tejado: *le toit*
5. un oso hormiguero: *un fourmilier*
6. regalaba: *offrait*
7. Gala es la mujer de Dalí.

1. Lee el cuento y presenta a los personajes y el lugar de la escena.

2. Elige un adjetivo para calificar el estado de Dalí y de Llama: aterrorizados - tranquilos - preocupados. **Justifica.**

3. El cuento se compone de cuatro etapas: el principio *(le début)*, el nudo *(le coup de théâtre)*, la solución y el final (el desenlace). Asocia una frase del cuento a cada etapa o dibujo.

4. ¿Se puede decir que es un final feliz? Justifica.

3.

2. Y TÚ, ¿QUÉ OPINAS?

TICE — LIEN SUR LE SITE

¿Piensas que Dalí logró convertir sus sueños en realidad? Realiza una visita virtual del Teatro-Museo de Salvador Dalí y di si corresponde a la "casa de sueños" que Dalí construyó para Gala en el cuento.

Don Quijote de la Mancha

Miguel de Cervantes, 1547-1616.

Descubre *Don Quijote de la Mancha*, la novela más famosa de la literatura española, escrita en dos partes, en 1604 y en 1615, por Miguel de Cervantes.

1 Érase una vez, en un lugar de la Mancha, un hombre llamado don Quijote fascinado por la lectura de los libros de caballería[1].

1. de caballería: *de chevalerie*

2 Creía que, para su honor y el de su país, debía ser un caballero andante[1]. Entonces, montó en su fiel caballo, Rocinante, y salió a vengar las acciones de los malos y salvar a las damas en peligro.

1. un caballero andante: *un chevalier errant*

3 Don Quijote llegó a una venta[1] en la que el ventero[2] fingió[3] nombrarle caballero andante.

1. una venta: *une auberge* 2. el ventero: *l'aubergiste* 3. fingió: *fit semblant*

4 Encontró a un grupo de mercaderes y les desafió[1] a declarar que Dulcinea, la mujer que estaba en su corazón, era la más guapa del mundo. Ellos lo negaron y don Quijote cayó[2] de su caballo al atacarlos.

1. les desafió: *les défia* 2. cayó: *tomba*

5 La sobrina de don Quijote y sus amigos quemaron[1] los libros de caballería pensando que estaba loco, pero don Quijote persuadió a Sancho Panza para ser su escudero[2].

1. quemaron: *brûlèrent*
2. su escudero: *son écuyer*

6 Viajaron y se toparon con unos pastores[1] y sus ovejas[2], que don Quijote vio como dos grandes armadas a las que quiso atacar… y siguieron con sus aventuras hasta la muerte del caballero.

1. pastores: *des bergers* 2. sus ovejas: *leurs brebis*

Don Quijote y Sancho iban en busca de aventuras cuando don Quijote vio a lo lejos a unos enormes gigantes que querían atacarlos. ¡Descubre sus aventuras con este vídeo!

1. **Presenta *Don Quijote de la Mancha*: autor, fechas, tema, personajes.**
2. **Relata las diferentes etapas de la historia de don Quijote de la Mancha.**
3. **Elige un adjetivo para calificar a don Quijote y a Sancho Panza y justifica: aventurero, razonable, loco, heroico, temeroso.**
4. **¿Te gusta esta historia? Explica por qué.**

 → Banco de ejercicios p. 137

1 L'imparfait de l'indicatif

Observo

Me levantaba en brazos, se reía y me comía a besos.

Comprendo

a. Les verbes réguliers

L'imparfait de l'indicatif se forme à partir du radical de l'infinitif.
– verbes en -ar : radical + -aba, -abas, -aba, -ábamos, -abais, -aban
– verbes en -er et -ir : radical + -ía, -ías, -ía, -íamos, -íais, -ían

hablar	comer	permitir
hablaba	comía	permitía
hablabas	comías	permitías
hablaba	comía	permitía
hablábamos	comíamos	permitíamos
hablabais	comíais	permitíais
hablaban	comían	permitían

¡Fíjate!
Tu remarqueras que l'imparfait est un des temps les plus simples de l'espagnol. Il n'a que trois irréguliers et il a la même valeur qu'en français.

b. Les verbes irréguliers

Seuls trois verbes sont irréguliers à l'imparfait.

ir	ser	ver
iba	era	veía
ibas	eras	veías
iba	era	veía
íbamos	éramos	veíamos
ibais	erais	veíais
iban	eran	veían

¡OJO! *Pas de diphtongue ni d'affaiblissement à l'imparfait de l'indicatif.*

¡OJO! hay → había *(il y avait)*

Me entreno

1. Pon los verbos en pretérito imperfecto.

a. (Ir/él) a ver películas fantásticas.
b. Siempre (jugar/nosotras) con muñecas.
c. En las ciudades, no (haber) tantos coches.
d. De pequeña (escribir/yo) cuentos.
e. (Gustar/vosotros) las películas de horror.
f. (Ser/tú) el príncipe azul y yo la princesa.
g. Le (decir/yo) que (tener) miedo.
h. Sus amigas (leer) cuentos de hadas.

2 Le passé simple (3es personnes du singulier et du pluriel)

Observo

Llamó a su amigo. Lo llamaron.
Nació en Madrid. Nacieron en Paraguay.
Recibió una carta. Recibieron muchos regalos.

Comprendo

Le passé simple se forme à partir du ***radical de l'infinitif****, plus :*
– verbes en -ar : -ó à la 3e pers. du singulier, -aron à la 3e pers. du pluriel
– verbes en -er/-ir : -ió à la 3e pers. du singulier, -ieron à la 3e pers. du pluriel

¡Fíjate!
Le passé simple (*el pretérito indefinido*) est très utilisé en espagnol et se traduit souvent par le passé composé en français.
Ex. : *Nació en 2003.* Il est né en 2003.

Quelques verbes irréguliers
decir: dijo, dijeron
hacer: hizo, hicieron
ser: fue, fueron
tener: tuvo, tuvieron

Me entreno

2. Conjuga los verbos en pretérito indefinido.

a. El chico (imaginarse) al monstruo.
b. El árbol (ser) mágico.
c. Las alumnas (tener) mucho miedo.
d. Le (responder/él).
e. (Escribir/ellas) una carta.
f. Mi amiga (hacer) un sueño.
g. Mi amigo se lo (decir).
h. Todos (decir) la verdad.
i. Le (contar/ellos) historias.

3 *Hace* + notion de durée (il y a) / *desde hace* (depuis)

Observo

Hace veinte años, no había tantos edificios.
Desde hace diez años, la ciudad evoluciona.

Comprendo

• *Pour traduire la durée, « il y a » est traduit en espagnol par hace.*

¡OJO! *Il ne faut pas confondre avec le « il y a » d'existence qui se traduit par le verbe haber (hay au présent).*

• *Lorsque « depuis » exprime la durée, il se traduit par desde hace ou desde hacía suivant le contexte.*

Me entreno

3. Completa con *hay, hace* o *desde hace* (*¡cuidado con los tiempos!*).

a. ...... muchos cines en la ciudad.
b. Leo cuentos de aventuras ...... muchos años.
c. ...... un mes que no lo veía.
d. Te lo repito ...... mucho tiempo.
e. Vivía en este pueblo ...... dos semanas .

4 L'expression de l'hypothèse (présent du subjonctif)

Observo

Es posible que tenga miedo.
Puede que sea el monstruo.
Quizás esté enfadado.

Comprendo

Le présent du subjonctif s'emploie pour exprimer une ***hypothèse****, une* ***probabilité*** *après :*
– Es posible/probable que…
– Puede que…
– Quizás…

Me entreno

4. Transforma las frases en hipótesis.

a. Este cuento es apasionante.
b. Vienes a verme.
c. Vive en una ciudad ruidosa.
d. Recuerdo la historia.
e. Dicen que la peli es emocionante.
f. Nos esperan delante del cine.

¡A pronunciar!

Escucho y repito

1. Escucha las palabras y repite. 25 CD2

2. Escucha el trabalenguas y repítelo lo más rápido posible. 26 CD2

Tenía una gallina vieja, pío, pío,
que corría muy de prisa.
Diariamente, hacia las diez
y media, pío, pío,
corría hacia mi casita a ver
lo que hacía.

Comprendo

Un groupe de voyelles dans lequel un **í** *accentué est suivi d'une voyelle forte (***a, e, o***) se prononce comme deux syllabes différentes (hacía → hací-a), et non comme une seule (hacia), comme c'est le cas pour les diphtongues.*

Me entreno 27 CD2

Fíjate en la pronunciación y completa con *-ia* o *-ía*.

corr_ • distanc_ • dec_n • escrib_mos • p_no • o_is • quer_ • persegu_n • biolog_

Léxico

Ciudades de antes y de ahora

- la población = los habitantes
- el centro histórico
- el ayuntamiento
- la plaza central = mayor
- un edificio antiguo ≠ moderno
- un centro comercial
- un mercado

Los medios de transporte

- un coche
- un autobús
- el tranvía
- el metro
- un taxi
- una moto
- una bicicleta
- un avión
- un atasco (de tráfico)

Érase una vez…

Contar cuentos

Para comenzar un cuento

- Érase una vez…
- Había una vez…
- Hace más de mil años…
- Hace mucho, mucho tiempo…
- En tiempos de…
- En un lejano país…

Para acabar un cuento

- … y, colorín colorado, este cuento se ha acabado.
- … y fueron felices y comieron perdices.
- … y esta historia se acabó y el viento se la llevó.

Sueños de infancia

Soñar [ue] con…

- ser un príncipe/ una princesa
- encontrar [ue] un tesoro
- vivir en un castillo
- ser un(a) pirata
- ser un(a) astronauta
- ser un superhéroe/ una superheroína
- remontarse en el tiempo
- volar [ue]
- viajar por el mundo entero

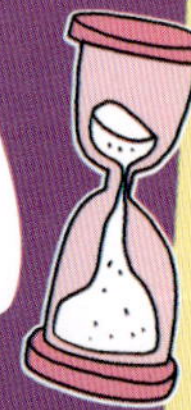

Héroes de cuentos

- Blancanieves y los siete enanitos
- Caperucita roja
- Pulgarcito
- un dragón
- un monstruo
- el ogro
- el gato con botas
- una bruja *(sorcière)*
- un hada
- el príncipe azul y la princesa
- un mago

1 Ordena estas sílabas para formar palabras y tradúcelas al francés.

1. CO – HIS – CEN – TRO – TÓ – RI
2. CA – DO – MER
3. VÍ – TRAN – A
4. CO – A – TAS
5. TO – MIEN – YUN – A – TA

2 Asocia cada dibujo a un sueño de infancia de la ficha.

a.

b.

c.

d.

3 Elige tu héroe o heroína de cuento favorito(a). Tu compañero(a) te hace preguntas para adivinar quién es.

Me autoevalúo

Lire

1 Lee el texto y contesta a las preguntas o completa.

El juego reinaba en mi mundo infantil, recuerdo que me encantaba hacer realidad los cuentos que me contaban los mayores[1] o los que yo leía, y sacaba de allí a las princesas para darles vida en mí, disfrazándome[2] con camisones largos que mi madre me dejaba y me veía reflejada de princesa, de esta forma, hacía realidad mis cuentos preferidos.
Mis hermanos y yo solíamos jugar mucho a los juegos de mesa [...], y aunque casi siempre perdía, nunca me enfadaba[3], porque reconocía que perder entraba dentro del juego [...].
Recuerdo con especial cariño[4] aquellos veranos de mi infancia disfrutando en el pueblo de mi abuelo.

http://miplumadecristal.blogspot.fr

1. los mayores: *les adultes* - 2. disfrazándome: *en me déguisant* - 3. me enfadaba: *je me mettais en colère* - 4. el cariño: *l'affection*

1. ¿Cuál es el tema del texto?

2. ¿Verdadero o falso? Justifica.

- **a.** A la chica le encantaba disfrazarse de bruja.
- **b.** Le gustaba leer y vivir las aventuras de sus héroes.
- **c.** Su madre no se interesaba por ella.

3. Completa: Con sus hermanos... y la chica manifestaba buen humor cuando... porque...

4. Sus recuerdos de verano son agradables/tristes/melancólicos/cariñosos porque...

Réagir et dialoguer

2 Con tu compañero(a), intercambiad información para explicar los cambios que se han producido entre las dos fotos.
Alumno(a)1: *¿Antes había una pizarra en el aula?*
Alumno(a)2: *Sí/No..., pero...*

Écouter et comprendre

28 CD2 · 60 MP3

3 Escucha la grabación y contesta a las preguntas.

1. ¿Por qué está descontento el cuento?

2. Di de qué personajes se habla en el cuento: Blancanieves - Cenicienta - Pinocho - Pulgarcito - Alicia en el País de las maravillas - Caperucita roja.

3. Todos los cuentos se acabaron porque...

4. ¿Qué pasó al final con el cuento descontento? Explica.

Parler en continu

4 Trae una foto tuya de cuando eras pequeño(a). Descríbete, habla de tus gustos (lo que te gustaba, te encantaba, odiabas...) y de tus sueños de niño(a).
(Si lo deseas, puedes traer la foto de otra persona y hablar de sus gustos y sueños).

Écrire

5 Participas en un concurso literario de tu colegio y tienes que contar en unas líneas una historia de ficción.
Érase una vez...

Découvrir des aspects culturels

6 ¿Qué sabes de la obra de Miguel de Cervantes titulada *Don Quijote de la Mancha*?

Je suis capable...

A1+

1. ... de comprendre des souvenirs d'enfance.
2. ... de demander et de donner des informations sur les changements entre le présent et le passé.
3. ... de comprendre un conte.
4. ... de parler de mon enfance.
5. ... d'écrire une histoire au passé.
6. ... de parler d'un personnage de roman espagnol : *Don Quichotte de la Manche*.

Mi proyecto final

Por grupos: Creamos un cuento en fotonovela

TICE

Parcours artistique et culturel

Instrucciones

- **ETAPA 1:** formar grupos de tres alumnos y escribir un cuento: el título, los personajes, el lugar, las situaciones, el desenlace sorprendente o humorístico… Comenzar el cuento con "Érase/Había una vez…" y terminar por una expresión típica de los cuentos.
- **ETAPA 2:** elegir un fondo y decorados simpáticos para vuestra historia con ayuda de las aplicaciones Chroma Key o Green Screen.
- **ETAPA 3:** disfrazarse para representar las escenas creadas.
- **ETAPA 4:** sacar fotos representando las escenas del cuento (entre 6 y 10).
- **ETAPA 5:** crear la fotonovela escribiendo, debajo de cada foto, el texto del cuento de forma simple para ilustrar cada imagen.

Material necesario

Hojas de papel blanco o de colores, lápices y tijeras, disfraces y maquillaje, una tableta, un móvil y una impresora, la aplicación Chroma Key o Green Screen.

LIEN SUR LE SITE

Objectifs :

– Je raconte un récit au passé.
– J'invente un conte.

J'utilise : l'imparfait de l'indicatif, l'adjectif démonstratif *aquel*, la 3e personne du passé simple, les marqueurs temporels.

Individual: Realizo la obra artística de los recuerdos de mi infancia

Parcours artistique et culturel

Instrucciones

- **ETAPA 1:** seleccionar los recuerdos de tu infancia: fotos, dibujos, pequeños objetos…
- **ETAPA 2:** tomar una hoja de papel muy grande, un cartón o una tela, y pegar los recuerdos. ¡También puedes pintar o dibujar en la obra!
- **ETAPA 3:** preparar una presentación oral utilizando los tiempos del pasado.
- **ETAPA 4:** presentar la obra a la clase y contar a tus compañeros los recuerdos de tu infancia.

Material necesario

Hojas de papel, cartón o tela, lápices, pintura, tijeras, fotos, dibujos y objetos de la infancia.

Objectifs :

– Je raconte mes souvenirs d'enfance.
– Je parle au passé.

J'utilise : l'imparfait de l'indicatif, la 3e personne du passé simple, les marqueurs temporels, *hace/desde hace*, la phrase exclamative, l'adjectif démonstratif *aquel*.

6 Nuestros proyectos

Jóvenes participando en la Ruta Quetzal, pirámide de Edzná, México, 2016.

¿Qué tipo de experiencia comparten los jóvenes que participan en la Ruta Quetzal?

Je vais apprendre à

- Comprendre des projets futurs
- Exprimer des désirs et des rêves
- Comprendre un voyage
- Parler de projets de vacances
- Comprendre un projet associatif
- Défendre une cause

Je vais utiliser

- Le futur de l'indicatif
- *Cuando* + subjonctif
- L'expression du souhait
- La condition réalisable
- Les prépositions *por* et *para*

Je vais découvrir

- Le Pérou, l'Argentine, l'île de Pâques
- La Ruta Quetzal Parcours avenir
- Le chemin de Saint-Jacques de Compostelle

Mi proyecto final

1. Realizamos una entrevista sobre vacaciones solidarias (por grupos). TICE

2. Escribo un poema sobre oficios soñados (individual).

Mon objectif ▸ Comprendre des projets futurs

De mayor seré…

1. LEO Y HABLO

Mike Bonales (ilustrador español), *Conejo frustrado*, 2010.

1. **Lee el cómic y preséntalo (personajes, tema).**
2. **De mayor, ¿cómo será la vida futura del conejo?**
   Será…, escupirá…, tendrá…
3. **Compara los proyectos de los dos amigos. ¿Cómo te parecen los personajes?**

2. ESCUCHO Y HABLO

29 CD2 · 61 MP3 · P. 61

Escucha la entrevista y completa o contesta a las preguntas.

a. El periodista entrevista a… para saber…

b. Di qué oficios no oyes en la grabación: profesora, pintora, veterinaria, mecánico, peluquera, vendedor de coches, bombero, fotógrafo, dentista, astronauta.

c. ¿Verdadero o falso?
El periodista le dice a uno de los entrevistados: que le regalará un cuadro/que pondrá guapos a sus amigos/que rivalizará con Lionel Messi.

Ayuda

30 CD2 · 62 MP3

- un conejo: *un lapin*
- una tortuga: *une tortue*
- de mayor: *quand je serai grand(e)*
- escupir: *cracher*
- bucear: *faire de la plongée*
- soñar [ue] con: *rêver de*
- un sueño: *un rêve*
- convertirse [ie] en

Memoriza…

Le futur de l'indicatif [p. 104]

Infinitif + -é, -ás, -á, -emos, -éis, -án

Viviré solo. Viviremos juntos.

Des futurs irréguliers

tener: *tendré, tendrás, tendrá, tendremos, tendréis, tendrán*

saber: *sabré, sabrás, sabrá, sabremos, sabréis, sabrán*

poder: *podré, podrás, podrá, podremos, podréis, podrán*

poner: *pondré, pondrás, pondrá, pondremos, pondréis, pondrán*

… y entrénate

Conjuga los verbos en futuro.

a. (ir/yo) a ver al orientador escolar.

b. (viajar/ellos) a Perú.

c. (escribir/nosotras) a la agencia.

d. (aprender/tú) la ruta de memoria.

e. (tener/vosotros) muchas ideas.

f. No (saber/Julián y yo) qué hacer de mayor.

¡Cada cual con su sueño!

1. OBSERVO Y HABLO

1. **¿Cuál será el plan de vida de la chica?**
Cuando la chica sea mayor…

2. **¿Qué objetivo(s) te parece(n) más importante(s)? Explica.**
Para mí, …

JOPI (dibujante argentina), *Mi plan de vida*, 2017.

2. LEO Y HABLO

P. 63

Cuando sea mayor seré piloto
para volar más rápido que el viento:
¡no!, mejor seré doctor
y curaré[1] a todos los enfermos[2].
¡No!, seré abogado[3]
y llevaré siempre conmigo
una cartera[4] grande
llena de tebeos y bocadillos. […]

Cuando sea mayor
tendré una casa con piscina,
y al llegar el buen tiempo
me pasaré nadando todo el día.
También tendré un chalet junto a la playa
y otro, con calefacción, en la montaña
para poder salir de vacaciones
en verano, Navidad y Semana Santa […].

Cuando sea mayor
se harán realidad todos mis sueños.

José María SERRANO (escritor español),
http://josemariaserrano-escritor.es

1. curaré: *je soignerai* - 2. los enfermos: *les malades* - 3. abogado: *avocat* - 4. una cartera: *une sacoche*

Lee el poema y contesta a las preguntas.

a. Apunta las profesiones que podrá ejercer el poeta cuando sea mayor y explica en qué consistirán.
b. ¿Qué cosas tendrá cuando sea mayor?
c. ¿Cómo te parece el chico?: rebelde/soñador/pesimista/generoso/optimista. Justifica tu respuesta.

3. ESCRIBO

Y tú, ¿qué quieres hacer cuando seas mayor? Explica por qué.

Ayuda

31 CD2 · 63 MP3

- elegir [i] su futuro/un porvenir: *choisir son avenir*
- lograr, conseguir [i]: *réussir*
- dedicarse: *se consacrer*

Memoriza

***Quand* + futur de l'indicatif → *Cuando* + présent du subjonctif** [p. 105]

Cuando sea mayor, seré medico. Quand je serai grand, je serai médecin.

→ Me entreno p. 105

Mi misión

Represento una escena de teatro

Utilizo: *cuando* + presente de subjuntivo, el futuro, *me gustaría*, el léxico de los oficios.

Consultas a un(a) adivino(a) para saber cuál será tu futuro. Imagina la escena con un(a) compañero(a).

Alumno(a) 1: *¿Cómo será mi vida de mayor?*

Alumno(a) 2: *Pues, cuando seas mayor, …*

Después de veinte años

1. VEO Y HABLO

VIDEO P. 65

Fotograma de la campaña de turismo de Perú, de Marca Perú, 2012.

Ayuda 32 CD2 64 MP3

- un(a) empres**a**rio(a): *un(e) homme (femme) d'affaires*
- un l**á**piz USB
- recor**da**r [ue] **a**lgo: *se souvenir de quelque chose*
- un viaj**e**ro: *un voyageur*
- viaj**a**r: voyager
- acamp**a**r: *camper, faire du camping*
- un merc**a**do: *un marché*
- llam**a**r por tel**é**fono
- promocion**a**r

Ve el vídeo y contesta a las preguntas.

a. Describe la primera escena (lugar, personajes, ambiente).
b. ¿Cómo te parece el hombre? Elige adjetivos y justifica: aventurero/serio/alegre/dinámico/estresado/trabajador/generoso/concentrado.
c. ¿Qué contiene el paquete?
d. Presenta el viaje del muchacho (acciones, visitas, encuentros).
e. ¿En qué medida el hombre ha cumplido sus sueños?
f. Al final, explica quién llama y qué querrá hacer el empresario.
g. A tu parecer, ¿cuál es el objetivo de esta campaña? Géographie

2. INTERACTÚO

¡Tu compañero(a) y tú habéis ganado un viaje a Perú! Imaginad qué querréis visitar y hacer en este país.

Alumno(a) 1: *En Perú, haré…*
Alumno(a) 2: *Yo quisiera…*

¡Fíjate!

Sais-tu que le Machu Picchu est l'une des sept nouvelles merveilles du monde ?

Memoriza…

Le futur de l'indicatif des verbes irréguliers (suite) [p. 104]

hacer: *haré, harás, hará, haremos, haréis, harán*
querer: *querré, querrás, querrá, querremos, querréis, querrán*
venir: *vendré, vendrás, vendrá, vendremos, vendréis, vendrán*

L'expression du souhait avec le verbe *querer*

« Je voudrais » se traduit par « *quisiera* ».
Quisiera ir a Perú para descubrir el Machu Picchu.

… y entrénate

1. Transforma las frases en futuro.

a. Quiero pasear por la ciudad de Cuzco.
b. Haces surf en el Océano Pacífico.
c. Quieren admirar las Líneas de Nazca.
d. Usted viene del lago Titicaca.

2. Ordena las palabras para formular un deseo utilizando *(yo) quisiera*.

a. explorar/la/querer/selva
b. querer/ceviche/comer
c. sacar/una/llama/querer/foto/una/con

Si puedo viajar…

1. OBSERVO Y HABLO

Cartel de la agencia de viajes argentina.tur.ar

1. **Presenta el cartel y di en qué te sorprende el paisaje. Explica por qué.**
2. **Observa también la foto y di qué podrás descubrir si viajas a Argentina.**
3. **¿Te gustaría visitar Argentina? Justifica.**

Ayuda 34 CD2 66 MP3

- una vaca: *une vache*
- un gaucho: *un gardien de troupeau*
- dar un paseo en barco: *faire un tour en bateau*
- explorar
- descubrir
- asombrarse: *s'émerveiller*
- un glaciar: *un glacier*

2. ME CONECTO, LEO Y HABLO

Conéctate a la página de la agencia de viajes argentina.tur.ar. Elige una región de Argentina, lee la información y di lo que podrás hacer al visitarla. LIEN SUR LE SITE

El glaciar Perito Moreno, Patagonia argentina.

3. ESCUCHO Y HABLO

33 CD2 65 MP3 P. 67

Jairo y Márolis hablan de sus proyectos de vacaciones.

a. ¿Adónde se irá Jairo si puede elegir sus vacaciones? ¿Por qué?
b. Explica adónde se irá Márolis si le dan permiso sus padres y por qué.
c. Finalmente, ¿qué harán probablemente durante el verano?

Memoriza

Formuler une condition
L'action réalisable : *Si* + présent… + futur… [p. 104]

Si puedo, iré a Andalucía este verano.
Si mis padres quieren, iremos al festival en julio.

→ Me entreno p. 104

Mi misión TICE

Realizo un juego cultural sobre América Latina

Utilizo: el futuro, la frase condicional.

Crea un cuestionario con el programa Kahoot. LIEN SUR LE SITE
Inventa diez preguntas sobre América Latina a las que tendrán que contestar tus compañeros.

Ejemplo: *¿Qué podrás visitar si viajas a Perú?*

a. *El Machu Picchu* b. *La Patagonia*

Paso 3

Mon objectif ▸ Comprendre un projet associatif

Salvaremos la cultura de Rapa Nui

1. OBSERVO, LEO Y HABLO

http://www.chiledesarrollosustentable.cl

Un proyecto solidario para construir una escuela de música en la Isla de Pascua

El proyecto será construido por el arquitecto estadounidense Michael Reynolds, que reutilizará basura de la isla para la construcción. La Escuela de Música y de las Artes es un sueño encabezado[1] por la concertista de piano Mahani Teave, fundadora y directora del proyecto, que espera que sea un espacio de protección social y cultural para niños y jóvenes de la isla.

Este gran proyecto no solo ayudará a la comunidad rapa nui a enfrentar sus problemas medioambientales sino que también hará realidad su sueño de tener una escuela de música propia, permitiendo que los niños de la isla aprendan sobre la danza, música e idioma que les pertenece[2] e identifica.

1. encabezado: *dirigé* 2. les pertenece: *leur appartient*

1. **Completa en tu cuaderno el mapa mental** AP p. 124 **con la información del texto y presenta el proyecto a tus compañeros de clase.**
2. **Explica por qué este proyecto es importante para la cultura rapa nui.**

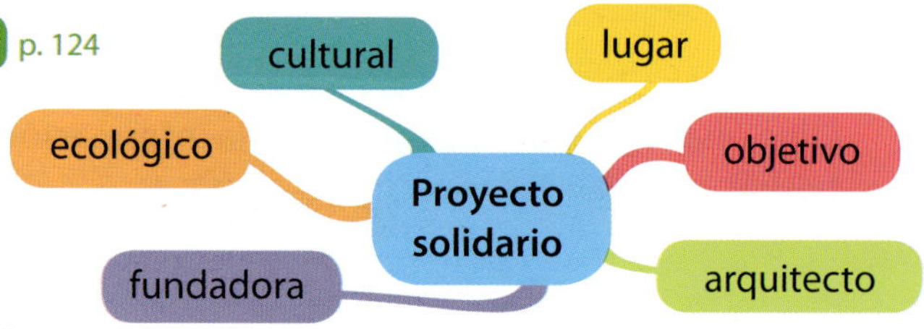

2. ESCUCHO Y ESCRIBO

35 CD2 67 MP3 P. 69

Antonio es delegado y presenta un proyecto a su clase. Escúchalo y contesta.

a. ¿Cómo reaccionan sus compañeros? *Primero… Finalmente…*

b. Explica si te gustaría participar en un proyecto de este tipo y por qué.

¡Fíjate!

La culture rapa nui est celle des premiers habitants de l'île de Pâques, qui se situe à 3 680 km de la côte du Chili, dans l'océan Pacifique.

Memoriza…

Les prépositions *por* et *para*

- La préposition ***por*** sert à introduire le complément d'agent ou la cause.
Será construida por el arquitecto (complément d'agent).
- La préposition ***para*** sert à exprimer le but, la direction, l'attribution.
Será construida para los niños de la isla (attribution).

… y entrénate

Completa con las preposiciones *por* o *para*.

a. El proyecto será dirigido ...... el delegado de clase.

b. Viajarán a Costa Rica ...... participar en un programa de protección animal.

c. Este centro funcionará ...... los niños sin familias.

d. Fue un caso dirigido ...... el presidente de la asociación.

Los animales no son payasos

1. OBSERVO Y HABLO

1. Observa el cartel y preséntalo (tema y composición).
2. ¿Dónde está el león y por qué tiene maquillaje?
3. El león te parece tranquilo/feliz/triste/nervioso/aterrorizado. Justifica.
4. Explica a quién se dirige esta campaña y cuál es su objetivo.
5. Y tú, ¿qué opinas? ¿Son animales de distracción?

Enseignement moral et civique

Campaña de la asociación Faada, acción por los animales.

2. INTERACTÚO

¿Qué harás para proteger a los animales cuando tengas la oportunidad? Explica e intercambia ideas con tu compañero(a).

Alumno(a) 1: *Cuando sea mayor…*
Alumno(a) 2: *Yo, cuando pueda…*

Ayuda

36 CD2 68 MP3

- un payaso: *un clown*
- el maquillaje
- un zoológico: *un zoo*
- una reja: *une grille*
- la cárcel: *la prison*
- llamar la atención
- denunciar

Memoriza

***Quand* + futur (suite)** [p. 105]
Cuando tenga veinte años, me iré a México para proteger a las tortugas marinas.
Quand j'aurai vingt ans…
Cuando pueda, me apuntaré a una asociación de defensa de los animales.
Quand je pourrai…

Exprimer une opinion
creo/pienso que - me parece que - (no) estoy de acuerdo.

→ Me entreno p. 105

Mi misión TICE

Escribo un artículo sobre una causa solidaria y lo publico en la red (redes sociales, web del colegio)

Utilizo: el futuro, *cuando* + presente de subjuntivo, las preposiciones *por* y *para*.

Escribe un artículo para sensibilizar a tus compañeros sobre un proyecto asociativo o una causa como la defensa de los animales.

En voz alta

El rincón de la canción

La Roja baila

Gritaremos[1] con más fuerza una vez más,
vamos a ponerle ganas.
Pon tu alma[2], pon tus sueños a volar,
ganaremos la batalla.

Sobre el campo y el terreno está el color
que nosotros defendemos.
Por la Roja moriré, soy español.
Con orgullo lucharemos[3].

Estribillo
Soñaremos por ti, lucharemos hasta el fin,
y te haremos sentir que la Roja juega y canta.
¡España ey, ey!, cantamos todos.
¡España ey, ey!, la Roja baila *(bis)*.

Tu bandera es mi bandera y la razón
de expresar lo que yo siento.
Mis estrellas[4] brillarán y alcanzarán[5],
tocaremos[6] el cielo.

Alegría, grito y llantos[7] de emoción,
juntos lo defenderemos.
La esperanza no se pierde.
Hay que luchar para conseguir los sueños.

Nina Pastori, Red One, Sergio Ramos, *La Roja baila*, himno oficial de la Selección española, 2016.

1. gritaremos: *nous crierons* - 2. tu alma: *ton âme* - 3. lucharemos: *nous lutterons* - 4. estrellas: *étoiles* - 5. alcanzarán: *atteindront* - 6. tocaremos: *nous toucherons* - 7. llantos: *des pleurs*

1. Escucha la canción y preséntala (tipo, cantantes, tema). LIEN SUR LE SITE

2. ¿Qué tipo de palabras y verbos utilizan los cantantes para ilustrar el tema? Justifica.

3. ¿Qué sentimientos se desprenden de la última estrofa?

4. Karaoké: ¡a cantar!

El club de los poetas

37 CD2

En la playa

En la arena fina
un castillo haré.

Cuando venga el agua
se lo entregaré.
Y me dirá: ¡Gracias!
Y yo: ¡No hay de qué!
Dentro del castillo
me dejará un pez.

Con la arena fina
un castillo haré.

Diego Díaz Hierro (historiador y poeta español), *En la playa*.

1. Lee la poesía y apunta el léxico relacionado con el mar.

2. ¿Qué impresión se desprende de estos versos? Justifica.

3. ¡A ti te toca! Apréndela de memoria aplicándote en el ritmo y la entonación.

¿Qué proyecto asociativo te corresponde?

Haz el test y descubre el resultado.

1 ¿Qué buscas en un trabajo?
- **a.** ▲ Conocer a gente.
- **b.** ● Cambiar el mundo.
- **c.** ★ Ser creativo(a).

2 ¿En qué lugar prefieres estar?
- **a.** ● La naturaleza.
- **b.** ★ Un museo.
- **c.** ▲ Un lugar con mucha gente.

3 Eres una persona:
- **a.** ★ a quién le encantan las artes.
- **b.** ▲ que habla con los demás.
- **c.** ● a quien le gustan los animales.

4 Admiras más a:
- **a.** ▲ los asistentes sociales.
- **b.** ● los aventureros.
- **c.** ★ los artistas.

5 Prefieres luchar para:
- **a.** ● salvar a los animales en peligro de extinción.
- **b.** ★ promover la cultura.
- **c.** ▲ acabar con las enfermedades y la pobreza en el mundo.

Resultado

Si tienes una mayoría de:
- ▲: te apuntarás a una asociación que defiende y ayuda a los más pobres y recorrerás el mundo para salvar vidas.
- ●: viajarás a otros países para salvar a animales en peligro de extinción.
- ★: defenderás y promoverás el arte a través del mundo.

El mapa del tesoro

Descifra los códigos del mapa para encontrar el tesoro.

1	B		C		A					
2	B					S	E			
3	B	R				E		R		
4	A			M			R			
5	D				U	B			R	

La llave del tesoro es: _ _ _ _ _

El deseo de los moáis de Rapa Nui

Los moáis desean que los futuros adultos tengan cuatro cualidades. Intenta descifrar sus pensamientos y encuentra los cuatro adjetivos que representan esas cualidades.

Proyectos responsables

1. ¡SOÑAREMOS CON LA RUTA QUETZAL!

Fotograma del reportaje de Antena 3 sobre la Ruta Quetzal 2016.

VIDEO 6

Ayuda 38 CD2 69 MP3

- desovar: *pondre des œufs (reptiles et amphibiens)*
- en peligro de extinción: *en voie d'extinction*
- el peligro: *le danger*
- una tormenta: *une tempête*

Presenta la Ruta Quetzal.

1. **¿Qué país recorren los aventureros en 2016? ¿Qué visitan?**
2. **Explica por qué esta aventura puede llamar la atención de los jóvenes sobre los problemas ecológicos.**
3. **¿Cómo calificar esta expedición? Elige adjetivos y justifica:** peligrosa - inolvidable - humana - cultural - espiritual - formadora.

¡Fíjate!

La Ruta Quetzal est un projet éducatif et culturel créé par l'aventurier Miguel de la Cuadra Salcedo en 1979 afin de faire découvrir les merveilles des cultures hispaniques à de jeunes aventuriers.

2. Y TÚ, ¿QUÉ OPINAS?

Aquí tienes la lista de los objetivos de la Ruta Quetzal. Elige dos de estos y explica cómo pueden ayudar a los jóvenes aventureros a volverse adultos responsables.

Encontrar una vocación
Ser aventurero
Respetar las otras culturas
Convivir con los demás
Ser tolerante
Conocerse bien

El Camino de Santiago: una aventura personal... y deportiva

Descubro

El Camino de Santiago es el recorrido[1] que realizan los peregrinos[2] que se dirigen a **Santiago de Compostela**, en Galicia, para visitar la tumba del apóstol[3] Santiago. **Más de 300.000 personas al año** recorren la ruta[4] de peregrinación más antigua de Europa caminando, en bicicleta o a caballo.

1. el recorrido: *le parcours* - 2. los peregrinos: *les pèlerins* - 3. el apóstol: *l'apôtre* - 4. la ruta = el camino

El Camino se vive por etapas, entre 10 y 25 kilómetros diarios[1]. En cada etapa hay que rellenar **la credencial**, un documento que permite verificar el recorrido de los peregrinos. Para ser considerado como un verdadero peregrino y obtener **la compostela** (un certificado), hay que recorrer 100 km caminando o 200 km en bicicleta antes de llegar a Santiago.
El Camino se vive como una verdadera experiencia íntima pero, hoy en día, muchas personas lo utilizan también para hacer senderismo[2] y deporte.

1. diarios = cotidianos - 2. senderismo: *randonnée*

Según el punto de partida, existen muchas rutas diferentes para llegar a la capital gallega.

¡Descubre las experiencias de estos deportistas!

El Camino de patines con la aventura de Andrés Villar.

VIDEO

La aventura del Camino de Santiago en bicicleta

Tres amigos **peregrinos ciclistas** han realizado una parte del Camino francés durante una semana.
Salieron de Logroño el 23 de agosto para llegar a Santiago de Compostela el día 31.
Resultado: **¡unos 688 kilómetros en 8 días!**

Alfredo Uría, el campeón del camino

El corredor de largas distancias **Alfredo Uría** terminó, "destrozado pero como un campeón", los casi **800 kilómetros** del Camino de Santiago que ha recorrido en siete días.

www.20minutos.es

1. Explica qué es el Camino de Santiago: objetivo, lugares, recorridos...
2. Cita lo que se debe hacer para ser un verdadero peregrino.
3. Elige una experiencia y cuéntala a tus compañeros.
4. ¿Cómo te gustaría hacer el Camino de Santiago?
5. ¿Piensas que el Camino puede ser una práctica deportiva buena para la salud? Explica por qué.

Education physique et sportive

Utilizo

→ Banco de ejercicios p. 137

1 Le futur de l'indicatif

Observo

viajar	convencer	descubrir
viajaré	convenceré	descubriré
viajarás	convencerás	descubrirás
viajará	convencerá	descubrirá
viajaremos	convenceremos	descubriremos
viajaréis	convenceréis	descubriréis
viajarán	convencerán	descubrirán

¡Fíjate!

Comme en français, le futur est formé en espagnol à partir de l'infinitif du verbe auquel on ajoute les terminaisons de l'auxiliaire *avoir* au présent de l'indicatif :
j'ai, tu as, il a…
→ je voyagerai, tu voyageras, il voyagera…
He, has, ha, hemos, habéis, han
→ viajaré, viajarás, viajará, viajaremos, viajaréis, viajarán

Comprendo

a. Les verbes réguliers

Formation du futur pour les trois groupes : infinitif + -é, -ás, -á, -emos, -éis, -án.

¡OJO! *Comme le futur est formé à partir de l'infinitif, il n'y a ni diphtongue ni affaiblissement.*

b. Les verbes irréguliers

decir	hacer	poder	poner	querer
diré	haré	podré	pondré	querré
dirás	harás	podrás	pondrás	querrás
dirá	hará	podrá	pondrá	querrá
diremos	haremos	podremos	pondremos	querremos
diréis	haréis	podréis	pondréis	querréis
dirán	harán	podrán	pondrán	querrán

saber	salir	tener	venir
sabré	saldré	tendré	vendré
sabrás	saldrás	tendrás	vendrás
sabrá	saldrá	tendrá	vendrá
sabremos	saldremos	tendremos	vendremos
sabréis	saldréis	tendréis	vendréis
sabrán	saldrán	tendrán	vendrán

¡OJO! hay → habrá *(il y aura)*

Me entreno

1. Pon en futuro las frases siguientes.

a. Nos bañamos en el mar.
b. Voy a Argentina.
c. Disfrutáis del país.
d. Hay que aprovecharlo.
e. Te conviertes en aventurero.
f. Haces un viaje por los Andes.
g. Sé cómo viajar.
h. Tiene que convencerla.
i. Pueden ir a la playa.

2 La condition réalisable au présent de l'indicatif

Observo

Si das la vuelta al mundo, tendrás un montón de amigos.
Si trabajas como arqueóloga, viajarás por el mundo entero.

Comprendo

Lorsque la condition est réalisable, elle est exprimée au présent de l'indicatif, et la proposition principale est au futur de l'indicatif.
si + *indicatif présent* + *futur.*

Me entreno

2. Transforma las frases según el modelo.

Poder (yo)/ir a España → Si puedo, iré a España.
a. Viajar (nosotros)/hacer autostop.
b. Visitar (ustedes) Cuba/comer langostas deliciosas.
c. Estar de vacaciones (tú y tu hermana)/poder vivir miles de aventuras.
d. Tener la oportunidad (yo)/ir al mar.

3 *Cuando* + subjonctif (pour exprimer une idée de futur)

Observo

Cuando tenga dieciocho años, haré grandes proyectos.
Cuando lo sepas, me dirás lo que piensas.
Cuando sea mayor, seré trotamundos.

Comprendo

Pour envisager un événement futur dans une subordonnée de temps, on utilise le subjonctif présent après **cuando** *(et non le futur de l'indicatif comme en français). La principale reste au futur.*

Me entreno

3. Conjuga los verbos entre paréntesis.

a. Cuando (tener/yo) tu edad, (irse).
b. Cuando (ver/ella) a su amiga, (estar) contenta.
c. Cuando (decidirse/tú), (ser) demasiado tarde.
d. Cuando (terminar/yo) los estudios, (buscar) un trabajo.
e. Cuando (volver/nosotros), lo (celebrar).
f. Cuando (venir/tú) a vernos, (avisar).

4. Transforma según el modelo.

Estaré en Madrid/te llamaré. → Cuando esté en Madrid, te llamaré.

a. Seré mayor/me casaré.
b. Daré la vuelta al mundo/descubriré sitios desconocidos.
c. Tendré un barco/iré a la aventura.
d. Seré bombero/salvaré vidas.

4 Les emplois des prépositions *por* et *para*

Observo

Lo hará por solidaridad.
El proyecto será dirigido por esta asociación.
Viajará para socializarse.
Para mí, defender a los animales es una causa importante.

Comprendo

- **Por** *est utilisé pour exprimer la cause ou comme complément d'agent dans une voix passive.*
- **Para** *permet d'exprimer un but ou un point de vue.*

Me entreno

5. Completa las frases utilizando *por* o *para*.

a. ¿Qué puedo hacer ...... ti?
b. No tendremos permiso ...... comentar la campaña.
c. Gracias ...... tu ayuda.
d. Será un cartel diseñado ...... un gran publicista.
e. Lo denunciará ...... intentar solucionarlo.
f. El artículo fue escrito ...... un periodista comprometido.

¡A pronunciar!

Ugo el búho chulo se mudó a Perú:
amuñuñó en Puno, ululó en Cuzco,
engullió fufú en el Machu Picchu.
¡Uy! ¡Qué búho tan chulo ese Ugo!

Escucho y repito

1. Escucha las palabras y repite. 39 CD2

2. Escucha el trabalenguas y repítelo lo más rápido posible. 40 CD2

Comprendo

Le **-u** *espagnol se prononce comme le « ou » français.*

Me entreno 41 CD2

Lee las palabras siguientes y después escúchalas.

único • azul • preguntar • Perú • monumento • música • cultural • aunque • aventura • denunciar

Y mañana, ¿qué seré?, ¿qué haré?

Los oficios

el (la) panadero(a)
el (la) carnicero(a)
el (la) cocinero(a)
el (la) peluquero(a)
el (la) bombero(a)
el (la) mecánico(a)
el (la) fontanero(a)
el (la) dentista
el (la) periodista
el (la) fotógrafo(a)
el (la) vendedor(a)
el (la) médico(a), el (la) doctor(a)
el (la) veterinario(a)
el (la) abogado(a)
el actor/la actriz

Los sueños, los proyectos

soñar [ue] con
convertirse [ie] en
lograr, conseguir [i]
dedicarse a
planear
elegir [i]
preferir [ie]
esperar
vacilar
fascinar
un sueño
sueños de grandeza
el futuro, el porvenir

Las vacaciones, los viajes

veranear
pasarlo bien
aburrirse
disfrutar
pasear
descansar
relajarse
bañarse
broncearse
bucear
descubrir
viajar
dar la vuelta al mundo
ir en moto, en bici(cleta), en coche
la playa
el mar
la montaña
el senderismo

1 **Por parejas, observad los dibujos y decid de quién es cada uno.**

Alumno(a) 1: *¿De quién es el cruasán?*

Alumno(a) 2: *El cruasán es del panadero/ de la panadera.*

2 **Memoriza el vocabulario de los sueños y los proyectos con tu compañero(a); después cerrad el libro y a cada uno(a) le toca decir una palabra o un verbo hasta formar la lista completa…**
(Las palabras o los verbos no pueden repetirse, y el (la) último(a) que ya no recuerda nada pierde.)

3 **Tu compañero(a) elige tres palabras (o verbos) y tienes que hacer una frase con ellos lo más rápido posible. Luego, cambiad los papeles.**

Me autoevalúo

Écouter et comprendre

42 CD2
70 MP3

1 **Escucha la entrevista de la periodista a Jefferson. Completa o contesta a las preguntas.**

1. ¿Quién es Jefferson y cuántos años tiene?
2. ¿De qué está encargado en su pueblo?
3. ¿Cuál es el sueño de Jefferson cuando sea mayor?
4. Le gustaría cumplir su sueño para…

Lire

2 **Lee el texto y contesta a las preguntas.**

El caso es que no sé muy bien lo que haré cuando sea mayor. Claro que he pensado las típicas cosas que pensamos todos los chicos sobre qué es lo que queremos ser de mayores, es decir:
-Futbolista.
-Deportista en general.
-Piloto.
-Científico.
-Policía.
Y profesiones por el estilo, pero yo creo que a mí se me ha pasado la edad para esas cosas. Ahora yo creo que estoy entrando en una fase, cómo les diría, rebelde (he estado leyendo un libro de psicología infantil que hay por casa), es decir, en la fase en la que uno no quiere estudiar nada y que lo que quiere es ser vagabundo y cosas de esas.

Javier Salinas (escritor español),
La habitación de Pablo, 2002.

1. ¿Verdadero o falso? Justifica tus respuestas.
a. Al narrador le encantaría dedicarse a profesiones originales.
b. Le encanta estudiar.
c. Cuando sea mayor, vivirá en total libertad.

2. ¿Cómo te parece el narrador: realista, indeciso, voluntario, entusiasta? Justifica.

Écrire

3 **Tu colegio organiza un concurso sobre una campaña de sensibilización para proteger a los animales. Tienes que dar tu opinión acerca de este problema y emitir tres deseos.**
Quisiera…

Parler en continu

4 **Si colaboras con una fundación para ayudar a la gente, explica qué harás, a qué te dedicarás.**
Si puedo, formaré parte de… porque…

Réagir et dialoguer

5 **Te encuentras con un(a) amigo(a) y cada uno(a) cuenta adónde le gustaría irse de viaje y lo que le gustaría hacer. Imaginad el diálogo.**

Alumno(a) 1: *Pues a mí me gustaría viajar…*
Alumno(a) 2: *En cambio, a mí…*

Découvrir des aspects culturels

6 **Explica a tu compañero(a) en qué consiste el Camino de Santiago de Compostela y qué hay que hacer para ser un(a) verdadero(a) peregrino(a).**

Je suis capable…

A2

1 … de comprendre des désirs et des rêves.
2 … de comprendre des projets futurs.
3 … d'écrire un texte pour donner mon opinion.
4 … parler d'un projet solidaire.
5 … d'échanger sur des projets de vacances.
6 … de parler du chemin de Saint-Jacques de Compostelle.

Mi proyecto final

Por grupos: Realizamos una entrevista sobre vacaciones solidarias

TICE · Parcours avenir

Instrucciones

- **ETAPA 1:** formar grupos de tres alumnos, dos entrevistados y un(a) entrevistador(a).
- **ETAPA 2:** preparar los temas de reflexión: un país, lugares interesantes, el momento del año, las actividades y otros más, según vuestra inspiración.
- **ETAPA 3:** buscar información complementaria en Internet, fotos, y tomar apuntes.
- **ETAPA 4:** cada grupo prepara su intervención y el (la) entrevistador(a) sus preguntas.
- **ETAPA 5:** presentar la entrevista delante de la clase. El (la) entrevistador(a) presentará y concluirá la entrevista.

Material necesario

Hojas de papel, bolígrafos, fotos, un micro, una cámara, un ordenador o una tableta.

Objectifs

– J'exprime des rêves et des désirs.
– Je parle de projets de vacances.

J'utilise: le futur, *cuando* + présent du subjonctif, la condition réalisable, le souhait, les prépositions *por* et *para*.

Individual: Escribo un poema sobre oficios soñados

Parcours avenir

Instrucciones

- **ETAPA 1:** reflexionar sobre diferentes oficios que te gustaría ejercer, realistas o no.
- **ETAPA 2:** hacer la lista de las ventajas de cada uno (y de los inconvenientes si quieres).
- **ETAPA 3:** imaginar un título y dos estrofas de cuatro versos que empiecen por "cuando". Por ejemplo: *Cuando sea…*
- **ETAPA 4:** escribirlo bajo una forma estética (escritura, dibujos, caligramas…).
- **ETAPA 5:** presentarlo y leerlo delante de la clase.

Material necesario

Hojas de papel blanco o de colores (o cartulina), bolígrafos, lápices de colores o pintura.

Objectifs

– J'exprime des rêves et des désirs.
– J'écris un poème.

J'utilise: le futur de l'indicatif, *cuando* + présent du subjonctif, le lexique des métiers.

Sommaire des annexes

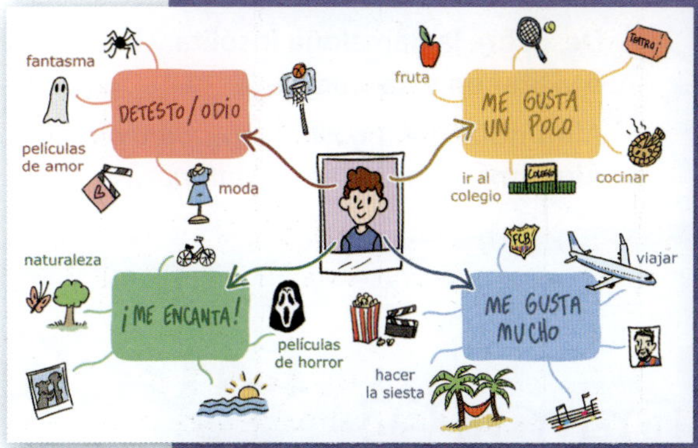

¡Vamos a Barcelona!

Objectif ▶ Découvrir Barcelone

Etapa 1 La ciudad de todas las posibilidades

1. LEO Y HABLO

Zoé y sus amigos planifican el largo verano que tienen por delante.

—Me gustaría viajar a un lugar con playa —añadió Álex.

—¡Eso, con playa! —aplaudió Liseta—. Y donde hubiera heladerías[1] en donde sentarte después de recorrer[2] las tiendas[3] más maravillosas... —dijo, soñadora[4].

—¡Eh, un momento! —interrumpió Marc—. También tiene que haber monumentos, museos y lugares chulos[5] para visitar; que sea una gran capital, ¿no? [...].

—Pues, chicos —añadí—, a mí me parece que debe de haber pocas ciudades en el mundo que reúnan todas esas características... ¡o ninguna[6]! [...].

—Barcelona.

—¡Playa!

—Yes. Y muuuuchos monumentos.

—¿Tiendas?

Ana García-Siñeriz y Jordi Labanda, *Zoé en Barcelona*, 2014.

1. heladerías: *des glaciers* - 2. recorrer: *parcourir* - 3. las tiendas: *les boutiques* - 4. soñadora: *rêveuse* - 5. chulos: *jolis, beaux* - 6. ninguna: *aucune*

1. **Presenta el documento: tipo, tema y personajes.**
2. **Según Álex, Liseta y Marc, ¿qué características debe tener su futuro destino de vacaciones? ¿Están de acuerdo?**
3. **Pueden encontrar todas estas características en...**
4. **Al final, ¿adónde van? ¿Por qué?**
5. **¿Te parece ser una buena elección? Justifica.**

Ayuda 43 CD2 71 MP3

- hac**e**r proy**e**ctos: *faire des projets*
- so**ñ**ar [ue]: *rêver*

2. OBSERVO E INTERACTÚO

Descubre la Barcelona insólita y habla con tu compañero(a) de clase sobre lo que os gustaría practicar o visitar en esta ciudad.

Alumno(a) 1: *Me gustaría ir... para practicar...*
Alumno(a) 2: *A mí me encantaría...*

Etapa 2 Una ciudad turística

Objectif Découvrir le tourisme de Barcelone

1. VEO Y HABLO

VIDEO

1. **Ve el vídeo y presenta la ciudad de Barcelona según los siguientes temas:** ocio, cultura, naturaleza.

2. **¿Cómo puedes calificar Barcelona? Justifica.**

3. **Fíjate en el personaje "Me". Explica su viaje en Barcelona.**

4. **¿Piensas que Barcelona tiene los medios de transporte suficientes para acoger a los turistas?**

5. **Observa la nota final y explica por qué se puede hablar de turismo internacional.** Anglais

Ayuda 44 CD2 72 MP3

- un p**ue**rto: *un port*
- la p**e**sca: *la pêche*
- **u**na marat**ó**n
- aco**ger**: *accueillir*
- un gl**o**bo aerost**á**tico: *une montgolfière*
- pase**ar**se: *se promener*
- el c**a**mpo: *la campagne*
- esqu**iar**: *skier*
- dirig**ir**se a: *s'adresser à*

2. ME CONECTO, LEO Y HABLO

Lee el blog de Juliana y conéctate a la página Barcelona.com. LIEN SUR LE SITE

a. Busca información sobre Barcelona, copia la tabla en tu cuaderno y complétala.

b. Apunta cinco elementos que indican que es una ciudad turística.

http//www.JulianaBlog.com

La Barceloneta es un lugar muy bonito para disfrutar del sol.
Antes de viajar a Barcelona, conéctate a la página de Barcelona.com y encontrarás mucha información sobre la ciudad.

La ciudad es muy atractiva, se puede visitar la Sagrada familia, el Parque Güell, pasear por el mercado de la Boquería y beber un zumo de frutas naturales… ¡muy rico!

Situación geográfica	……
Transportes	……
Gastronomía	……
Visitas	……
Actividades	……

3. INTERACTÚO

¿Conocéis otra ciudad similar? ¡Comparadla con Barcelona! Anglais

Alumno(a) 1: *Pienso que Barcelona se parece a… porque…*

Alumno(a) 2: *Al contrario, creo que es más similar a…*

Etapa 3 La ciudad de Gaudí

Objectif ▸ Connaître l'art de l'architecte catalan Antoni Gaudí

LEO, VEO, HABLO E INTERACTÚO

1. Antoni Gaudí, un gran visionario

Antoni Gaudí (1852-1926) es el mejor representante del modernismo catalán, movimiento artístico que se caracteriza por una vuelta a la naturaleza, donde predominan formas onduladas, curvas[1], formas animales y vegetales. En sus obras, aparecen la piedra, la cerámica y el hierro forjado[2], y los interiores, muy decorados, son verdaderas obras de arte.

1. curvas: *des courbes* 2. el hierro forjado: *le fer forgé*

2. La ruta Gaudí...

El Parque Güell.

La casa Milà (o La Pedrera).

La casa Batlló.

3. ... y la Sagrada Familia, una basílica en construcción

LIEN SUR LE SITE

En 1883 Gaudí recibe el encargo de continuar este proyecto, ya comenzado por otro arquitecto. Va a introducir muchas modificaciones y esta obra va a ocupar toda su vida hasta su muerte, en 1926 (muere atropellado[1] por un tranvía[2] al salir de la Sagrada Familia).

En toda la construcción predominan los elementos geométricos, los animales y las plantas.

En la actualidad se continúa la construcción de este gran edificio, que se ha convertido en el símbolo de Barcelona, y su terminación está prevista para el año 2026.

1. atropellado: *renversé* - 2. tranvía: *tramway*

1. **Elige uno de estos edificios y apunta los elementos que caracterizan el arte modernista.**
2. **Entra en la casa Batlló y explica a tu compañero(a) cómo Gaudí adaptó en su arquitectura la leyenda de Sant Jordi.** LIEN SUR LE SITE
3. **¿Qué edificio te gustaría visitar más? Preséntalo a tu compañero(a).**

Ayuda 45 CD2 73 MP3

- una pedrera: *une carrière*
- un acantilado: *une falaise*
- el tejado: *le toit*
- una escama: *une écaille*
- una salamandra
- un dragón
- una calavera: *une tête de mort*
- un hueso: *un os*
- colores vivos/cálidos: *couleurs vives/chaudes*

Etapa final → Realizamos el folleto turístico de nuestro futuro viaje escolar a Barcelona. TICE

Instrucciones

Por grupos

- **ETAPA 1:** repartir los temas (ocio, cultura, gastronomía, deportes y naturaleza) entre los grupos y buscar información y fotos.
- **ETAPA 2:** reflexionar sobre la presentación del folleto turístico: título, textos informativos, fotos, ilustraciones.
- **ETAPA 3:** presentar el folleto en la biblioteca del colegio.

ALTERNATIVA (TICE): realizar un folleto digital en la web con Calameo.com. LIEN SUR LE SITE
- Convertir el folleto en PDF, descargarlo en Calameo.
- Mandarlo por correo electrónico a vuestro(a) profesor(a).

Material necesario

- cartulina y hojas (de diferentes colores)
- lápices o rotuladores de colores
- tijeras y pegamento
- reglas y bolígrafos

… y si preferís presentar un folleto digital:
- una tableta y/o un ordenador

Objectifs

– Je présente les différents aspects de Barcelone : la ville moderne, la ville touristique (loisirs, gastronomie…), la ville moderniste.
– Je présente l'architecte catalan Antoni Gaudí.

J'utilise

– le présent de l'indicatif (verbes réguliers, à diphtongue et à affaiblissement)
– les comparatifs
– l'obligation
– la numération
– le lexique des loisirs, des transports, de la nature, de l'architecture

Educar para salvar

Objectif ▸ Découvrir la figure du *pícaro*

Etapa 1 Los pícaros

1. LEO Y HABLO

Lazarillo era un niño de unos diez años. Murió su padre durante una batalla y su madre, muy pobre, lo dejó en manos de un viejo ciego (aveugle) *que necesitaba un guía.*

Cuando comíamos, ponía muy cerca de sí un jarrillo[1] de vino. Yo lo cogía muy deprisa, bebía un poco y lo volvía a poner en su sitio[2]. Pero el ciego se dio cuenta de que le faltaba vino y desde entonces nunca soltaba el asa[3]. A mí se me ocurrió coger una paja larga de centeno[4] y, metiéndola en el jarro, chupaba el vino. También vio el astuto ciego que algo pasaba con su vino. [...] Al día siguiente, estaba yo bebiendo como de costumbre [...] cuando el malvado ciego se dio cuenta de que era el momento de vengarse[5]. Y con todas sus fuerzas, cogiendo con las dos manos aquel dulce y amargo jarro, lo dejó caer sobre mi boca, de manera que me pareció que me había caído encima el cielo con todo lo que hay en él. Fue tal el golpe, que me dejó sin sentido. Los pedazos[6] del jarro se me metieron por la cara y me rompieron los dientes.

Rosa Navarro Durán (escritora española), Francesc Rovira (ilustrador español), *El Lazarillo contado a los niños*, 2015.

1. jarrillo: *petite cruche* - 2. lo volvía a poner en su sitio: *je le remettais à sa place* - 3. soltaba el asa: *lâchait l'anse* - 4. una paja de centeno: *une paille de seigle* - 5. vengarse: *se venger* - 6. los pedazos: *les morceaux*

Ilustración de Francesc Rovira.

1. **Presenta a los personajes.**
2. **¿Qué les gustaba mucho a los dos?**
3. **Lazarillo engañaba a su amo: la primera vez... y la segunda vez...**
4. **¿Cómo te parece la reacción del amo?**
5. **En tu opinión, ¿es una buena manera de educar a un niño? Justifica.**

Ayuda 46 CD2 74 MP3

- pícaro: *malin, polisson*
- ser humilde = ser pobre
- vestir [i] harapos: *porter des haillons*
- ir descalzo: être *pieds nus*
- un amo: *un maître*
- un guía: *un guide*
- mendigar: *mendier*
- robar: *voler*
- engañar: *tromper*

2. OBSERVO Y HABLO

Bartolomé Esteban Murillo (pintor español), *Niños comiendo pasteles*, 1665-1675.

1. **Presenta el documento (tipo, título, artista, fechas).**
2. **Describe la escena y a los niños.**
3. **Observa el aspecto de los niños: ¿qué puedes deducir? Fíjate en la cesta (*panier*): ¿qué puedes imaginar?**
4. **Completa la frase.**
   Pienso que el niño de la derecha...
   A lo mejor...

3. INTERACTÚO Anglais

Por parejas, encontrad puntos en común y diferencias entre los niños del cuadro de Murillo, Lazarillo y Oliver Twist.

Alumno(a) 1: *En mi opinión, los niños son... y Lazarillo también es...*

Alumno(a) 2: *Sí, creo que Oliver Twist es... mientras que los niños...*

Etapa 2 Chala, una infancia robada

Objectif ▸ Découvrir la vie d'un enfant livré à lui-même

1. VEO Y HABLO

VIDEO 7

Chala es un niño de 11 años que vive en La Habana vieja. Como todo niño, su vida se reparte entre la casa y el colegio. Pero, al vivir solo con su madre drogadicta, en casa de Chala él es quien "pone los frijoles en la mesa[1]".

1. "fait bouillir la marmite", expression utilisée par Carmela, sa maîtresse d'école.

1. **Ve las dos secuencias, contesta a las preguntas e identifica a los personajes: quiénes son, dónde viven, qué hacen.**

2. **A partir de lo que dice Chala a su madre al irse al colegio, ¿cómo crees que se comporta el chico con su madre?**

3. **Explica cómo se gana la vida Chala.**

4. **¿Qué adjetivos caracterizan la vida de Chala? ¿Hostil, cómoda, dura, pobre, fácil, violenta, agradable, trágica, inocente? Justifica tu respuesta.**

Cartel de la película cubana de Ernesto Daranas, *Conducta*, 2014. (Título en francés: *Chala, une enfance cubaine*. Distribución: Bodega Films, 23/03/2016.)

2. OBSERVO, LEO Y HABLO

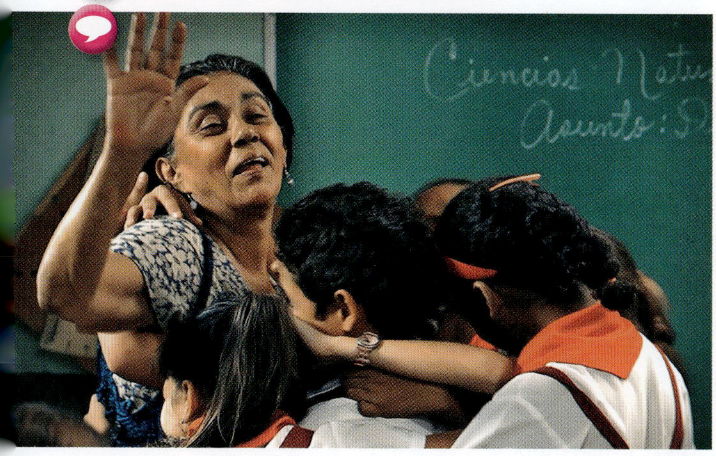

Carmela, la maestra.

Observa el fotograma y lee atentamente lo que dice la maestra Carmela: *"En el fondo todos son muchachos. Hay cuatro cosas que hacen a un niño: la casa, la escuela, el rigor y el afecto. Pero cuando cruzan esa puerta está la calle, y un maestro necesita saber lo que les espera allá afuera… Todos los años tengo un Chala en el aula."*

a. Presenta a Carmela. ¿Qué tipo de maestra es?

b. ¿Estás de acuerdo con ella cuando declara: *"Hay cuatro cosas que hacen a un niño: la casa, la escuela, el rigor y el afecto"*?

c. A tu parecer, Chala necesita…

3. ESCRIBO

Otro personaje de la película dice de Chala que "vive como un animalito". Ayudándote de lo que sabes sobre Chala, redacta una corta presentación del muchacho (su entorno familiar y escolar). Luego imagina lo que puede hacer Chala para salir adelante en el futuro.

Ayuda 47 CD2 75 MP3

- arreglárselas: *se débrouiller*
- cubrir las necesidades: *subvenir aux besoins*
- ganarse la vida: *joindre les deux bouts*
- estar abandonado a su suerte: *être livré à soi-même*
- crecer sin referencias: *grandir sans repères*
- salir adelante: *s'en sortir*

Etapa 3 El derecho a la educación

Objectif ▸ Sensibiliser aux droits des enfants

1. OBSERVO, LEO Y HABLO

- el campo: *la campagne*
- un ingreso = un salario
- una labor = un trabajo

razón.com.mx es la versión digital del periódico mexicano *La Razón de México*.

Ayuda 48 CD2 76 MP3

- el 30% = el 30 por ciento
- la mayoría: *la majorité*
- explotar: *exploiter*
- el analfabetismo
- mal pagado(a)/remunerado(a): *mal payé(e)/rémunéré(e)*

1. **Presenta la campaña: ¿qué situación denuncia?**
2. **¿Cuáles son las condiciones de trabajo de los niños?**
3. **Con respecto a la educación, normalmente… pero…**
4. **¿Qué opinas de esta situación? Justifica.**

2. LEO Y HABLO

adaptado de http//www.lazossociales.com

Campaña de marketing social: 1 kilo de ayuda para la educación

Esta campaña, desarrollada en España, busca financiación para la educación de los niños de escasos recursos[1] económicos[2], a través de la **venta de tarjetas en más de 773 supermercados**. Y, gracias a ello, al año **apoyan[3] a más de 500.000 personas** en el mundo.

Una campaña interesante, que **anima a buscar el desarrollo** de los más necesitados, a través de la educación, para compartir así mejores condiciones de vida.

Optaron por el concepto de 1 kilo, para hacer comparar la educación y la alimentación… Lo que defienden es que **la educación es el objetivo más urgente y necesario para poder romper[4] el círculo de la pobreza en el mundo**. Un concepto válido, ¿no lo crees?

1. **¿Cómo la campaña consigue luchar contra la pobreza?**
2. **"1 kilo de ayuda para la educación": es también una campaña que defiende… y la compara con… porque…**
3. **Explica la importancia de la educación para los niños desfavorecidos.**

1. recursos: *ressources*
2. de escasos recursos económicos = pobres
3. apoyar = ayudar
4. romper: *briser*

Etapa final → Presentamos una galería de retratos de niños en el Día del Niño y de la Educación

TICE

Instrucciones

Por grupos

- **ETAPA 1:** formar grupos para repartirse los países hispanohablantes y las épocas (a partir del siglo XVI).
- **ETAPA 2:** en grupo, imaginar el perfil de un niño desfavorecido: su nombre, su país, la época en que vive. Los grupos deben documentarse sobre los países: tasa de analfabetismo, índice de pobreza.
- **ETAPA 3:** redactar una corta biografía con información sobre su familia, sus condiciones de vida y su día a día, si va al colegio o no…
- **ETAPA 4:** imaginar un eslogan en relación con la biografía del niño y la educación.
- **ETAPA 5:** crear un cartel con una foto o dibujo del niño y su biografía.
- **ETAPA 6:** presentar los retratos durante el Día del Niño y de la Educación (hacia el 1 de junio) creando una exposición en el colegio.

ALTERNATIVA (TICE): hacer una presentación de los retratos en el blog del colegio.

Material necesario

- cartulina y hojas (de diferentes colores)
- lápices o rotuladores de colores
- tijeras y pegamento
- reglas y bolígrafos

… y si preferís presentar los retratos en el blog del colegio:

- una tableta y/o un ordenador

Objectifs

- Je présente des enfants et leurs conditions de vie.
- Je réfléchis à l'importance de l'éducation.
- Je crée un slogan pour défendre un point de vue.

J'utilise

- l'impératif ou l'impératif négatif (présent du subjonctif) pour le slogan
- le temps du récit (l'imparfait et le passé simple)
- le lexique de l'enfance
- le lexique des conditions de vie

Las Fallas… las fiestas del fuego

Esta fiesta marca el final del invierno. ¡Ven a descubrirla! ¡Te esperamos!

La semana fallera

Esta fiesta se celebra en Valencia del **15 al 19 de marzo**, día de **San José**, patrón de los carpinteros[1]. Durante la semana fallera, Valencia está de fiesta entre música, bailes y espectáculos pirotécnicos, pero las festividades empiezan el 1 de marzo, con las ***mascletás***, un espectáculo sonoro de petardos y de luces en la Plaza del Ayuntamiento.

1. los carpinteros: *les charpentiers*

Las fallas o *ninots*

Los ***ninots*** son unos muñecos de cartón piedra[1] que pueden medir hasta 30 metros de altura. Representan a personajes conocidos, reales o imaginarios, en **escenas satíricas**.
Cada *ninot* es construido por la asociación de vecinos de un determinado barrio[2] y su construcción requiere unos 300 artesanos y **un año de trabajo**. Todos los *ninots* desfilan por las calles para que se pueda elegir la obra más divertida o la más artística.

1. cartón piedra: *carton pâte*
2. un barrio: *un quartier*

Las falleras

Son mujeres, jóvenes y niñas que representan su falla y que visten el **traje típico valenciano**. Son ellas las que prenden los fuegos en la noche del 19 de marzo.

JUEGO

El calendario en llamas

¡A cada uno le toca!

Por parejas, leed los textos, ved los vídeos y contestad a las preguntas lo más rápido posible. Cada pregunta vale un punto. ¡A ver quién gana y salva la falla del fuego!

1
A cada uno(a), su pregunta.
¿Verdadero o falso? Justificad la respuesta.

a. Las Fallas anuncian la llegada de la primavera.
b. Las festividades empiezan el 15 de marzo.
c. Se conmemora al santo patrón del lugar.
d. Las falleras juegan un papel importante.

2
A cada uno(a), dos asociaciones. Asociad las sílabas para formar cuatro palabras, e indicad la foto que corresponde a cada una.

FA — CRE — NOTS — CLE
NI — MAS — TÁS
LLE — MÁ — RAS

3
Con las palabras formadas, cada uno(a) se lo explica a su compañero(a).

4
Ved el vídeo y contestad. VIDEO

a. Buscad los intrusos:
para fabricar un *ninot*, se necesita un carpintero, un pintor, un mecánico, un escultor.
b. ¿Qué otro aspecto de las fallas nos presenta el vídeo?

5
Conéctaos a la web y visitad el museo fallero. VIDEO
Cada uno(a) elige al *Ninot Indultat* que más le gusta y se lo presenta a su compañero(a) justificando su elección en un minuto.

La *cremá*

Es **la noche del fuego** (*la nit del foc* en valenciano), a las doce de la noche se queman[1] todas las fallas excepto el muñeco que obtuvo[2] el primer premio[3]. El ***ninot indultat***, el mejor *ninot* elegido por el público, se conservará en el **Museo Fallero**. El fuego devora los *ninots* que simbolizan los aspectos negativos de la sociedad mientras la banda de música toca el himno regional valenciano.

1. se queman: *on brûle* 2. obtuvo (pretérito): *a obtenu* 3. el premio: *le prix*

TALLER CREATIVO

¡A crear un cartel publicitario!

Por parejas, cread un cartel para anunciar las próximas Fallas. Imaginad un dibujo y/o un fotomontaje, un eslogan y un texto corto para anunciar las fechas, el lugar y el programa de las festividades. Presentadlo a la clase. (También podéis realizar un cartel digital.)

O bien…

Crea tu propia falla con cartón piedra y preséntala a la clase.

México y el Día de Muertos

Esta fiesta tradicional mexicana se celebra el 2 de noviembre. Tiene su origen en las tradiciones de los mayas y los aztecas, que creían que los muertos volvían a visitar a sus familiares una vez al año.

Un día de fiesta...
... por las calles

En honor a **los difuntos** se decoran las calles, hay grupos de músicos, la gente baila y se **disfraza**[1] **de esqueletos**.
En las panaderías[2], se vende **pan de muerto**, **calaveras de azúcar** o de chocolate con colores y decoraciones y el nombre del difunto o de los familiares que le hacen ofrendas.

1. se disfraza: *se déguise* 2. las panaderías: *les boulangeries*

Un altar con ofrendas al difunto

... en las casas

La gente elabora **altares**[1] con ofrendas; se expone la foto del difunto y sus comidas y bebidas preferidas para invitar a las almas[2] a volver a casa. Se pone también el pan de muerto, velas, **papel picado** para decorar, calaveras, objetos personales del difunto y flores de **cempasúchil** que, con su color vivo y su olor, indican a las almas el camino de las casas.

1. altares: *autels* 2. las almas: *les âmes*

... en los cementerios

La gente va a celebrar la fiesta con música, flores y comida. Todos disfrutan[1] del día compartiendo[2] las ofrendas con sus difuntos, su familia y sus amigos.

1. disfrutan: *profitent* 2. compartiendo: *en partageant*

JUEGO

El camino de las preguntas

Lee los documentos, ve el vídeo y sigue el camino de las flores de cempasúchil. Contesta a las preguntas para llegar hasta la calavera de azúcar.

1. Di cuándo se celebra el Día de los Muertos en México y cuál es su origen.
2. ¿Es un día triste o alegre? Argumenta.
3. En el vídeo, explica las aventuras que vive la chica en el inframundo.
4. ¿Qué suelen hacer los mexicanos para rendir homenaje a sus difuntos?
5. ¿Qué es lo que más te sorprende de esta celebración? Explica por qué.

VIDEO

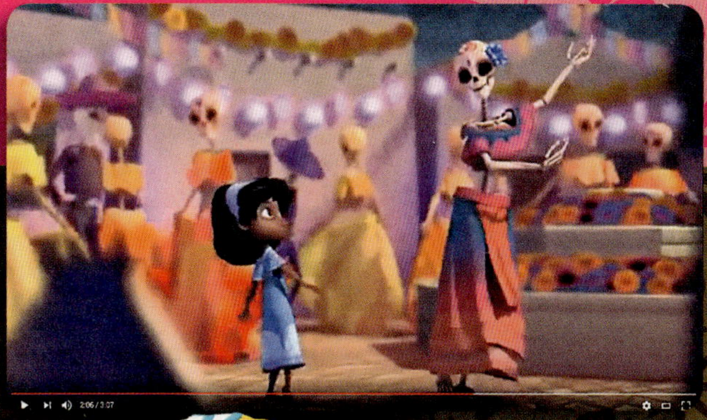

Cortometraje *Día de los muertos*, Ashley Graham, 2013.

la receta del pan de muerto

Ingredientes (para 3 panecillos)

- 250 g de harina
- 60 g de azúcar
- 5 g de sal
- 5 g de levadura
- 50 g de mantequilla
- 2 huevos
- 25 ml de leche
- Ralladura de un limón
- Ralladura de media naranja
- 1 cucharada de agua de azahar *(eau de fleur d'oranger)*

Preparación

1. Mezcla bien todos los ingredientes hasta formar una masa uniforme y elástica.
2. Cubre la masa con un paño[1] húmedo y deja reposar hasta que doble su volumen.
3. Reserva una parte de la masa para formar los huesos y córtala en 3 trozos pequeños para formar bolitas con cada uno.
4. Con la masa reservada, forma huesitos y colócalos sobre los panes. En medio pon una bolita pequeña.
5. Barniza[2] con huevo y hornea[3] durante 25 min.
6. Saca y espolvorea[4] con azúcar.

1. un paño: *un linge* 2. barniza: *badigeonne*
3. hornea: *mets au four* 4. espolvorea: *saupoudre*

TALLER CREATIVO

¡A crear un altar!

- → **Grupo 1:** fabricación de calaveras (yeso para modelar, pasta de sal).
- → **Grupo 2:** fabricación de flores de cempasúchil de papel, guirnaldas.
- → **Grupo 3:** elaboración del pan de muerto.
- → **Grupo 4:** decoraciones de papel picado.
- → **Grupo 5:** preparación del altar (comida, bebida, velas, foto, objetos…).

Comment apprendre l'espagnol

Un conseil ! Pour apprendre une langue, il faut la parler mais aussi la lire, l'écouter, la chanter.

1 Au collège, dans la cour ou dans les couloirs, habitue-toi à toujours t'adresser à ton professeur en espagnol.

Commence par le saluer, lui demander comment il va, lui donner rendez-vous au cours suivant.
¡Hola, buenos días/buenas tardes, señor(a)! ¿Cómo está?
Nos vemos en clase - Nos vemos mañana…
Cela sera de plus en plus naturel jusqu'à ce que **l'espagnol** devienne pour toi **une langue de communication**.

2 En classe, tu le sais bien, tu dois parler en espagnol.

Tu salues ton professeur, tu réponds à l'appel en espagnol : *¡Presente! - ¡Estoy! - ¡Sí!*
Tu as une question à poser ? Fais-le en espagnol. Reporte-toi vite à la page 12, ***Mis chuletas***.

• **Il n'y a pas de secret, en classe, il faut être attentif et PAR-TI-CI-PER !**
Tu es timide ? Ton défi : lève la main au moins deux fois par cours, bientôt tu participeras avec plaisir!

• **Ne réponds pas par un seul mot, fais des phrases : *sujet* + *verbe* + *complément*.**
Aide-toi de la question pour formuler ta réponse.
¿Cómo se llama el personaje principal? Dans la phrase, tu as le sujet et le verbe de ta réponse. À toi de compléter avec la bonne réponse : *El personaje principal se llama Luis.*

Si, par exemple, dans la question, le verbe est à la forme progressive, dans ta réponse, le verbe doit aussi être à cette forme.

3 À la maison, apprends tes leçons, bien sûr, mais tu peux aussi apprendre en t'amusant.

• **Lis à haute voix la leçon et mets-toi en scène** en jouant un dialogue ou en récitant une poésie !
• **Regarde la télé en espagnol** en découvrant des films espagnols et latino-américains ou des *telenovelas*.
• Avais-tu remarqué qu'en chantant tu conjuguais le verbe gustar sans difficulté « *Vamos a la playa, a mí me gusta bailar* » ? **Dans ton manuel, il y a de nombreuses chansons, écoute-les et apprends en chantant !**

Preparados, listos…
¡A hablar, leer, escuchar y cantar, en español!

Comment décrire une image

Tu auras souvent des documents visuels à décrire. Ils peuvent être de types différents. Pour les décrire et les analyser, il va falloir procéder par étapes.

Campaña contra el acoso escolar Basta de Bullying, © Tamara Jan, 2012.

1 J'observe la nature du document : *¿Qué es?*

un cuadro (un tableau)/*un dibujo* (un dessin)/*un anuncio publicitario* (une publicité)/*un cartel* (une affiche)/*un fotograma/una foto/un tebeo o un cómic* (une BD)

2 J'identifie la source et la date : *¿Quién? ¿Cuándo?*

Sous le document, je lis la légende pour connaître l'auteur, la source et la date.

Le titre et le contexte peuvent orienter et aider ta compréhension.

L'auteur : *el (la) autor(a)/el (la) pintor(a)/el (la) fotógrafo(a)/el (la) dibujante/el (la) publicista*

L'institution : *el patrocinador* (le sponsor)/*la marca*

3 Je décris le document : *¿Qué vemos?*

Je décris les objets, les personnages, ce qu'ils font, les couleurs, leur disposition sur le document.

Vemos…/Veo…/Hay…/Están…

Pour une campagne publicitaire, j'observe bien :
- le slogan : à qui s'adresse-t-il ?
- la typographie : la taille des lettres, la couleur, …

Se dirige a…/el tamaño (la taille) *: minúsculas, mayúsculas, en negrilla* (en gras)/*en cursiva* (en italique)/*en blanco y negro…*

4 J'analyse le sens : *¿Qué dice? ¿Por qué? ¿Para qué? ¿Cómo?*

Une image donne toujours un point de vue. Déterminer le thème et l'objectif te permettra de mieux comprendre le document. Pour une campagne publicitaire, établis le lien entre le slogan et l'image.

Trata de…/El tema es…/El objetivo es…/Quiere incitar a…/Lo que (me) llama la atención es… (ce qui (m')interpelle, c'est…)

5 Je donne mon avis, mon point de vue : *¿Me gusta?*

À la fin, j'explique en quoi ce document m'a interpellé(e), s'il me semble efficace (publicité)…

Para mí…/En mi opinión…/Pienso que…/Creo que…/Me gusta…/No me gusta…/(No) me parece logrado/convincente

Comment réaliser une carte mentale

La carte mentale est un outil qui peut te servir à tout moment pour mettre de l'ordre dans tes idées. Mais attention : elle possède également des codes qu'il te faut respecter afin qu'elle soit claire et ordonnée !

Utiliser une feuille blanche et la positionner au format paysage (horizontal).

Illustrer les idées par des mots-clés et/ou des dessins.

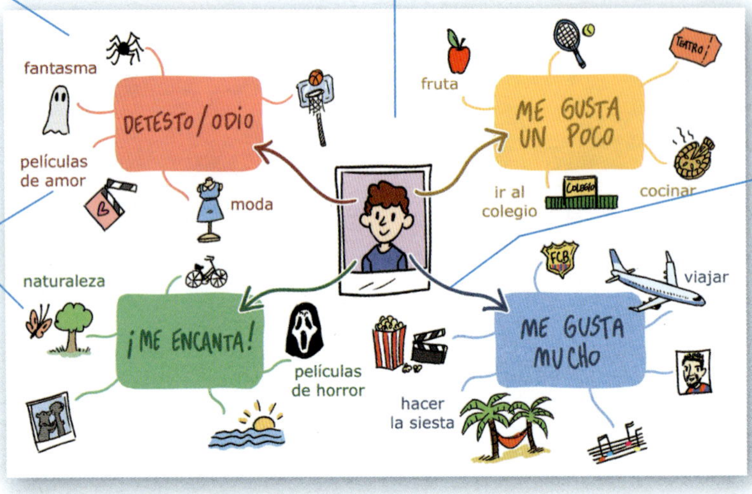

Placer l'objet de la réflexion au milieu de la feuille.

Les branches
- **Chacune correspond à une idée principale.**
- **Elles vont dans le sens des aiguilles d'une montre et présentent un ordre logique.**
- **Elles doivent avoir une couleur différente pour bien distinguer les idées.**

Maintenant que tu connais les codes de la carte mentale, découvre dans quelles situations l'utiliser.

COMPRÉHENSION **Je repère les éléments d'un document écrit ou oral pour retranscrire ce que j'ai compris.**

- **Je repère les différents éléments d'un texte ou d'un document sonore :** personnages (ou nombre de voix), lieux de l'action, thématiques, champs lexicaux, verbes de l'action, arguments.
- **J'établis une chronologie des différentes actions :** début, problématique, coup de théâtre, solution, final.

RÉVISION **Je révise la leçon ou un point de grammaire à la maison.**

Grâce à la carte mentale, je vais pouvoir notamment :
- **classer les différents éléments ou arguments d'un texte** afin de l'expliquer oralement lors du cours suivant ;
- **ordonner les informations sur un point de langue** (règle, exception, exemples), afin de mieux l'apprendre.

EXPRESSION **Je mets en ordre mes idées avant de les exprimer.**

- **J'ordonne les idées** de manière claire et précise.
- La carte mentale m'aide à **prendre confiance au moment de la prise de parole** (à l'oral) et à éviter de lire les phrases rédigées sur le cahier.

TRAVAUX DE GROUPE

La carte mentale est utile en groupe :
- **pour se concerter** avec ses camarades et mettre de l'ordre dans les idées ;
- **pour compléter les différentes thématiques** en fonction des idées de chacun.

C'est un outil efficace **pour réaliser une synthèse des idées du groupe.**

Attention ! La carte mentale est le reflet de ta pensée, il est donc normal qu'elle soit différente de celles de tes camarades. Donc, pas de panique !

Comment aborder la traduction

Mon défi **Relevons un défi, traduisons la phrase : « *Il a l'habitude d'aller à l'école à pied.* »**

1 Le lexique français-espagnol de ton manuel

Avant de te lancer dans une recherche, réfléchis à ce que tu sais déjà dire !
Tu as appris « avoir l'habitude de »… Mais si ! Dans l'unité 2, page 30. C'est le verbe « *soler* » ! Conjugue-le à la 3ᵉ personne du singulier : *suele*.
Ensuite, cherche à traduire ce que tu ne connais pas ou ce dont tu ne te souviens pas (tu as vu « aller à » en 5ᵉ !).

L'outil le plus facile à utiliser commence à la page 141 : c'est le lexique français-espagnol !
Tu vas chercher « aller à », « école » et « à pied », mais tu ne trouveras que le verbe « aller (à) » : « *ir (a)* ».
Il te reste à trouver le mot « école » et l'expression « à pied »…

2 Le dictionnaire bilingue

Le deuxième outil dont tu disposes est le dictionnaire bilingue.
Tu trouveras très facilement le mot « école » : *escuela*.
Le mot qui donne le sens à l'expression « à pied » est « pied », c'est donc ce mot qu'il faut chercher dans le dictionnaire. Et surtout, prends le temps de lire les différentes propositions.

La traduction de la phrase sera donc : *Suele ir a la escuela andando* (ou *a pie*).

3 Le traducteur en ligne

Voyons maintenant ce qu'aurait proposé ton outil préféré : le traducteur en ligne !
Tu penses qu'il résoudra tous tes problèmes de traduction. Eh bien, non ! Il traduit bien les mots mais il est moins « doué » pour traduire les phrases ! Et il est très tatillon sur l'orthographe !

Fais ce petit test amusant : écris la phrase dans un traducteur et regarde ce qu'il te propose. Tu vas avoir des surprises ! Si tu confonds « a » et « à », ou si tu négliges l'orthographe, la phrase traduite sera incohérente.
Fais le même test avec un autre traducteur et compare les propositions. As-tu lu la bonne traduction ?

En résumé
- **Réfléchis à ce que tu sais déjà.**
- **Utilise le traducteur avec précaution : cherche des mots, pas des phrases**
- **Fais attention à l'orthographe.**

Gramática

Sommaire

Fiche 1 Les articles

p. 25

• Les articles définis

	Masculin	Féminin
Singulier	***el*** *(el estuche)*	***la*** *(la pizarra)*
Pluriel	***los*** *(los libros)*	***las*** *(las puertas)*

– Pour exprimer l'heure, on utilise les articles définis *la* ou *las* :
Es la una y media. Son las tres en punto.

– On n'emploie pas l'article défini devant la plupart des noms de pays :
España es un país bonito.
Il existe quelques exceptions : ***el*** *Perú*, ***la*** *India*, …

¡OJO! **La contraction de l'article :** comme en français, l'article défini *el* se contracte avec les prépositions *a* et *de* → ***al***, ***del***. *Vamos al colegio. Vengo del colegio.*

• Les articles indéfinis

	Masculin	Féminin
Singulier	***un*** *(un estuche)*	***una*** *(una pizarra)*
Pluriel	Ø *(libros)*	Ø *(puertas)*

• L'article partitif (du/de la/de l')

L'article partitif ne se traduit pas en espagnol :
Veux-tu du pain ?
¿Quieres Ø pan?

Fiche 2 Le genre et le nombre

p. 17, 25

• Le genre (masculin, féminin)

Pour former le féminin :

• Si le mot se termine par ***-o***, on le remplace par un ***-a***.
un chico bueno – una chica buena

• Si le mot se termine par ***-ol***, ***-n***, ***-or*** ou ***-és***, on ajoute un ***-a***.
un profesor español – una profesora española

• Si le mot se termine par ***-e***, ***-ista*** ou ***-l***, le mot ne change pas.
un futbolista insoportable – una futbolista insoportable
un ejercicio fácil – una lección fácil

• Le nombre (singulier, pluriel)

Pour former le pluriel :

• Si le mot se termine par ***-a***, ***-e***, ou ***-o***, on ajoute un ***-s***.
la chica inteligente – las chicas inteligentes

• Si le mot se termine par **une consonne**, ***-í*** ou ***-y***, on ajoute ***-es***.
un director francés – directores franceses
un colibrí – colibríes
el rey – los reyes

• Si le mot se termine par ***-z***, il subit une modification orthographique en ***-ces***.
la luz – las luces

Fiche 3 Les adjectifs possessifs

p. 32

Les adjectifs possessifs s'accordent en genre et en nombre avec le nom qu'ils déterminent.

mi/mis	mon (ma)/mes
tu/tus	ton (ta)/tes
su/sus	son (sa)/ses
nuestro(a)/nuestros(as)	notre/nos
vuestro(a)/vuestros(as)	votre/vos
su/sus	leur/leurs

Nuestras amigas vienen de España.
Nos amies viennent d'Espagne.

Fiche 4 Les démonstratifs (ce, cet, cette, ces)

p. 63, 81

Les démonstratifs s'accordent en genre et en nombre avec le nom qu'ils déterminent.

	Proche	Intermédiaire	Éloigné
Masc. sing.	este	ese	aquel
Masc. pl.	estos	esos	aquellos
Fém. sing.	esta	esa	aquella
Fém. pl.	estas	esas	aquellas

Les adjectifs démonstratifs servent à désigner une personne ou une chose, dans l'espace ou dans le temps.

• ***este***, ***esta***, ***estos***, ***estas*** correspondent à *yo*, *aquí*, *ahora* (moi, ici, maintenant).

Vivo en esta casa. J'habite dans cette maison (dans laquelle je me trouve).

• ***ese***, ***esa***, ***esos***, ***esas*** correspondent à *tú*, *vosotros*, *usted(es)*, *ahí* (toi, vous, là). Ils indiquent un éloignement relatif dans le temps et l'espace.
Esa casa es la de mis padres.
Cette maison (qui est là) est à mes parents.

• ***aquel***, ***aquella***, ***aquellos***, ***aquellas*** indiquent un éloignement certain dans le temps et l'espace et correspondent à ***allí***, ***allá*** (là-bas).
En aquellos tiempos, me encantaba viajar.
À cette époque, j'adorais voyager.

Fiche 5 L'apocope

p. 67

On appelle **apocope** la perte de la voyelle finale ou de la dernière syllabe de certains adjectifs lorsqu'ils sont placés devant un nom.

1. ***Ninguno***, ***primero***, ***tercero***, ***bueno***, ***malo*** perdent le -**o** devant un nom masculin singulier.
No tengo *ningún amigo.*

2. ***Grande*** perd la syllabe -***de*** devant un nom sing.
una casa grande → *una gran casa*

Fiche 6 Les pronoms personnels

p. 65, 66, 67, 73

Sujet	COD	COI sans préposition	COI avec préposition	Réfléchi (pronoms des verbes pronominaux)
yo	me	me	mí	me
tú	te	te	ti	te
él	lo	le	él	se
ella	la	le	ella	se
usted	lo, la	le	usted	se
nosotros(as)	nos	nos	nosotros(as)	nos
vosotros(as)	os	os	vosotros(as)	os
ellos	los	les	ellos	se
ellas	las	les	ellas	se
ustedes	los, las	les	ustedes	se

- **Les pronoms personnels sujets**

Les pronoms personnels sujets ne s'emploient que **pour insister.**

Yo pienso que… ellos piensan que…

Moi, je pense que… eux pensent que…

- **Les pronoms personnels compléments**

– Les pronoms personnels COD sont les mêmes que les pronoms COI sans préposition, sauf aux troisièmes personnes : pour les pronoms COD, on différencie le masculin du féminin (*lo*, *la*, *los*, *las*).

¡OJO! Dans certains cas (à l'infinitif, à l'impératif et au gérondif), ils se soudent à la fin du verbe. C'est **l'enclise** : *Apunta la lección. → Apúntala.*

– Après une préposition (*para, a, de, sin*), on emploie les pronoms personnels sujets sauf pour la première et la deuxième personne du singulier : ***yo → mí tú → ti.***

Eso es para ti y esto es para él.

¡OJO! Cas particuliers avec la préposition ***con*** : ***conmigo*** (avec moi), ***contigo*** (avec toi), ***consigo*** (avec soi).

Fiche 7 Le vouvoiement : *usted/ustedes*

Pour vouvoyer en espagnol, on emploie les pronoms personnels sujets.

- *Usted* + **verbe à la 3e pers. du singulier** (une personne que l'on vouvoie)

Señor, ¿quién ***es*** *usted?* Monsieur, qui **êtes**-vous ?

¿Cómo ***se siente****?* Comment **vous sentez-vous** ?

- *Ustedes* + **verbe à la 3e pers. du pluriel** (plusieurs personnes que l'on vouvoie)

¿Ustedes ***son*** *los profesores?*

Vous **êtes** les professeurs ?

Vosotros(as) s'utilise pour s'adresser à plusieurs personnes que l'on tutoie.

Fiche 8 La traduction de « mais » : *pero* ou *no… sino*

Il y a deux formes pour traduire « **mais** » en espagnol.

- **Dans une phrase affirmative**

Pour traduire une nuance ou marquer une restriction, on le traduit par ***pero***.

Vivo en Francia pero soy española.

Je vis en France mais je suis espagnole.

- **Dans une phrase négative**

Pour marquer une opposition, on le traduit par ***no… sino***.

No es la profesora sino la directora.

Elle n'est pas la professeure mais la directrice.

Fiche 9 Les comparatifs

p. 35

- **Les comparatifs de supériorité : *más* + adjectif + *que***

Soy más bajita que Luisa.

Je suis plus petite que Luisa.

- **Les comparatifs d'infériorité : *menos* + adjectif + *que***

Eres menos joven que tu amiga.

Tu es moins jeune que ton amie.

- **Les comparatifs d'égalité : *tan* + adjectif + *como***

Son tan guapos como tú.

Ils sont aussi beaux que toi.

¡OJO! Les comparatifs de supériorité irréguliers :

bueno → ***mejor*** (meilleur)

grande → ***mayor*** (plus grand)

pequeño → ***menor*** (plus petit)

malo → ***peor*** (pire)

Fiche 10 Les superlatifs

p. 49, 56

• Le superlatif absolu

On le forme de deux façons :
– en ajoutant le suffixe ***-ísimo(a)(s)*** : *es guapísima*
– en employant ***muy*** + adjectif : es ***muy*** guapa

¡OJO! Avec le suffixe *-ísimo*, il faudra faire parfois une modification orthographique pour garder le son d'origine : *Son muy simpáticas./Son simpatiquísimas.*

• Le superlatif relatif

Il existe deux sortes de superlatifs relatifs :
– les superlatifs relatifs de **supériorité** : ***el más***, ***la más***, ***los más***, ***las más***
– les superlatifs relatifs d'**infériorité** : ***el menos***, ***la menos***, ***los menos***, ***las menos***
Son los más simpáticos de la pandilla.

Les superlatifs irréguliers sont les mêmes que les comparatifs irréguliers : ***mejor***, ***mayor***, ***menor***, ***peor***.

En espagnol, contrairement au français, l'article placé devant le nom ne se répète pas devant l'adjectif.
Es el monumento más bonito que conozco.
C'est le monument le plus beau que je connaisse.

Fiche 11 L'expression de l'obligation

p.19, 46

Comme en français, on distingue deux types d'obligation.

• L'obligation impersonnelle :
***hay que* + infinitif (il faut)**

Le sens de l'obligation est général.
Hay que hacerlo. Il faut le faire.

• L'obligation personnelle :
***tener que* + infinitif/*deber* + infinitif (devoir)**

L'obligation s'adresse à quelqu'un en particulier.

Tener que permet d'exprimer **une obligation forte** (être obligé de), tandis qu'avec ***deber***, on exprime **une obligation d'ordre moral**.

Tengo que organizar la fiesta.
Je dois organiser la fête.
Mis amigos tienen que irse.
Mes amis doivent s'en aller.
Debemos estudiar todos los días.
Nous devons étudier tous les jours.

Fiche 12 *Gustar* et les verbes à tournure affective

p. 31, 40, 49, 57

Certains verbes espagnols, qui expriment un sentiment ou une sensation, sont dits « à tournure affective » et se construisent comme le verbe **plaire** en français, c'est-à-dire qu'ils s'accordent avec ce qui suit.

A mí	***me***	*gusta/gustan*
A ti	***te***	
A él/ella/usted/Juan	***le***	
A nosotros(as)	***nos***	
A vosotros(as)	***os***	
A ellos/ellas/ustedes	***les***	

Les gusta el mar.
Ils aiment la mer. (La mer leur plaît.)
Me gustan las vacaciones.
J'aime les vacances. (Les vacances me plaisent.)
Os gusta leer.
Vous aimez lire. (Lire vous plaît.)

Quelques verbes du type *gustar* :
encantar: adorer
chiflar: adorer (familier)
volver [*ue*] ***loco(a)***: aimer à la folie

Fiche 13 Le verbe « être » : *ser/estar*

p. 16, 18, 48, 64, 72

Pour dire « être », il existe en espagnol deux verbes : *ser* et *estar*, mais on ne les emploie pas dans les mêmes circonstances. Regarde !

SER	*ESTAR*
Suivi d'un adjectif : → pour décrire une **caractéristique permanente**. *Soy alto*. Je suis grand. → pour indiquer **la nationalité.** *Es francés*. Il est français.	Suivi d'un adjectif : → pour décrire **un état passager**. *Estoy cansada*. Je suis fatiguée.
Suivi d'un nom : → pour **décrire ou présenter** une personne. *Soy un alumno*. Je suis un élève.	Suivi d'un complément de lieu ou de temps : → pour **situer dans l'espace ou le temps (= se trouver)**. *Estoy en Sevilla*. Je suis à Séville. *Estamos en invierno*. Nous sommes en hiver.
Pour donner l'heure. *Son las cuatro de la mañana*. Il est quatre heures du matin.	
Devant un chiffre. *Somos veinticuatro en la clase.* Nous sommes vingt-quatre dans la classe.	Suivi du gérondif : → pour dire « **être en train de** » (présent progressif). *Los niños están jugando.* Les enfants sont en train de jouer.

Fiche 14 L'expression de la condition réalisable

p. 97, 104

Pour exprimer une condition réalisable, on utilise **le présent de l'indicatif** dans la proposition subordonnée introduite par ***si***, et dans la proposition principale, **le futur**.

si + présent de l'indicatif, + **futur**

*Si puedo, **iré** a España de vacaciones.*
Si je le peux, **j'irai** en vacances en Espagne.

Regarde ! Le français et l'espagnol ont la même structure ici. C'est normal, car ce sont deux langues latines et elles partagent de nombreux points communs.

Fiche 15 La phrase exclamative

p. 81

- Si l'exclamation porte sur un adjectif ou un adverbe, on utilise ***qué*** + adjectif ou adverbe.
¡*Qué divertido!* Comme c'est amusant !
¡*Qué interesante!* Comme c'est intéressant !

- Si l'exclamation porte sur un nom accompagné d'un adjectif, on utilise ***qué*** + nom + ***tan***/***más*** + adjectif.
¡*Qué mujer tan amable!* Quelle femme aimable ! Qu'est-ce que cette femme est aimable !
¡*Qué situación más difícil!* Quelle situation difficile !

Fiche 16 Les aspects de l'action

p. 30, 33, 34, 41

• Le présent progressif

Le fait d'utiliser ***estar*** + **gérondif** permet de traduire une action en train de se dérouler.

Formation du gérondif

Le gérondif correspond en français à la formule « **en** » + **participe présent** (en écrivant). Il se forme ainsi :

- **Les verbes en** -***ar*** : radical du verbe + -***ando***
cantando: en chantant
- **Les verbes en** -***er***/***ir*** : radical du verbe + -***iendo***
comiendo: en mangeant

¡OJO! Le gérondif est **invariable.**
Mis hermanos están jugando al fútbol.
Mes frères sont en train de jouer au football.

Les gérondifs irréguliers :
dormir → *durmiendo* – *leer* → *leyendo* – *ir* → *yendo*

• L'habitude

L'idée d'habitude et de fréquence est rendue par le verbe ***soler*** + **infinitif.**
*Sueles **levantarte** temprano.*
Tu as l'habitude de **te lever** tôt.

• Une action dans la durée : *pasarse* + durée + gérondif

Me paso el tiempo leyendo. Je passe mon temps à lire.

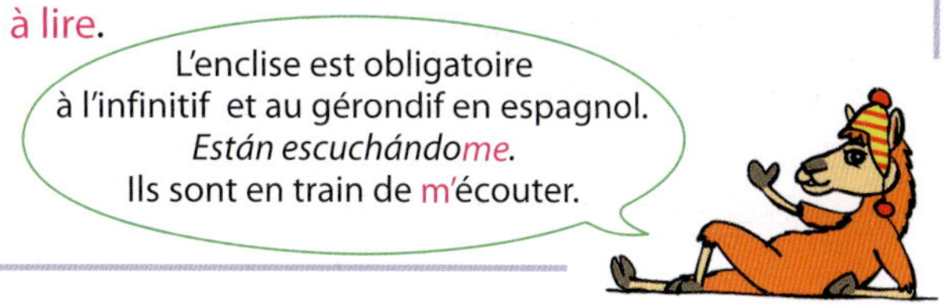

Fiche 17 Le futur proche : *ir* + *a* + infinitif

p. 31

Pour exprimer une action qui va se réaliser, on utilise **le futur proche**, qui se construit avec le verbe ***ir*** + ***a*** + infinitif.

*Esta tarde, **vamos a** ver una película de ficción.*
Cet après-midi, **nous allons** voir un film de fiction.

Fiche 18 Les verbes à diphtongue

p. 32, 40, 80

La **diphtongue** est la transformation d'une voyelle en deux voyelles à l'intérieur du radical d'un verbe : ***e*** → ***ie*** ; ***o*** → ***ue*** ; ***u*** → ***ue*** *(jugar).*
Vienen de Toledo y pueden estar aquí a las dos.

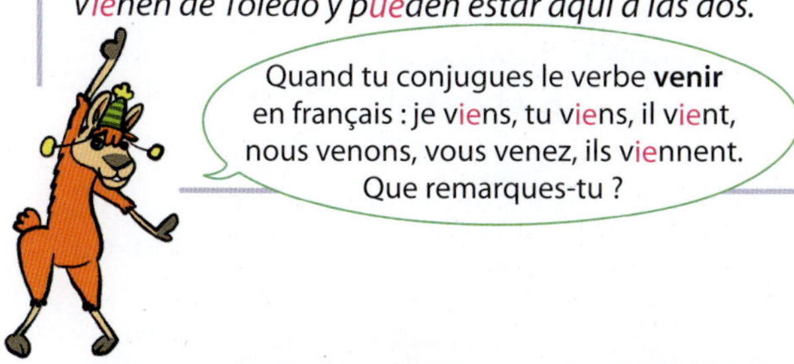

La diphtongue apparaît :
– au **présent de l'indicatif**, aux trois personnes du singulier et à la troisième personne du pluriel ;
– au **présent du subjonctif**, aux trois personnes du singulier et à la troisième personne du pluriel ;
– à l'**impératif**, à la deuxième personne du singulier.

Fiche 19 Les verbes à affaiblissement

p. 32, 40, 80

L'**affaiblissement** est la transformation d'une voyelle en une autre voyelle à l'intérieur du radical d'un verbe (***e*** → ***i***) et ne s'applique qu'aux verbes du troisième groupe (-***ir***).
Repite siempre lo mismo.

L'affaiblissement apparaît :
– au **présent de l'indicatif**, aux trois personnes du singulier et à la troisième personne du pluriel ;
– au **présent du subjonctif**, à toutes les personnes ;
– au **gérondif** ;
– à l'**impératif**, à la deuxième personne du singulier.

Fiche 20 Les temps et leurs emplois

1. Le présent de l'indicatif

p. 24, 30

Formation des verbes réguliers

- Pour les verbes en *-ar* : radical du verbe + *-o*, *-as*, *-a*, *-amos*, *-áis*, *-an*.
- Pour les verbes en *-er* : radical du verbe + *-o*, *-es*, *-e*, *-emos*, *-éis*, *-en*.
- Pour les verbes en *-ir* : radical du verbe + *-o*, *-es*, *-e*, *-imos*, *-ís*, *-en*.

a. La diphtongue et l'affaiblissement apparaissent aux trois personnes du singulier et à la troisième personne du pluriel (*pensar* [ie] – *contar* [ue] – *mover* [ue]) – *pedir* [i] .

b. Tous les verbes font la 1re personne en *-o* **sauf :** *dar* → *doy* – *estar* → *estoy* – *saber* → *sé* – *ir* → *voy* – *ser* → *soy* – *haber* → *he*.

c. D'autres verbes ont une forme irrégulière à la 1re personne du singulier (verbes en *-go*) : *tener* → *tengo* – *salir* → *salgo* – *hacer* → *hago* – venir → *vengo* – *decir* → *digo* – *oír* → *oigo*.

Emplois

Comme en français, le présent de l'indicatif exprime **une action qui se déroule au moment où l'on parle** ou bien **une action habituelle.**

2. Le passé composé

p. 47, 48, 56

Formation

Le passé composé se forme avec **l'auxiliaire *haber*** conjugué **au présent de l'indicatif** (*he*, *has*, *ha*, *hemos*, *habéis*, *han)* **suivi du participe passé.**

Le participe passé employé avec *haber* est **invariable** et ne peut être séparé de son auxiliaire.
Nos hemos divertido mucho.
Nous nous sommes beaucoup amusés.

¡OJO! Participes passés irréguliers :
traer → *traído* – *leer* → *leído* – *hacer* → *hecho* – *decir* → *dicho* – *ver* → *visto* – *escribir* → *escrito* – *volver* → *vuelto* – *abrir* → *abierto* – *poner* → *puesto*

Emplois

Le passé composé s'emploie pour exprimer **une action passée** mais **dans une période qui n'est pas terminée** ou pour exprimer **une action qui a commencé dans le passé** et qui **se prolonge dans le présent**.

3. L'imparfait de l'indicatif

p. 78, 79, 80, 81, 88

Formation

- Pour les verbes en *-ar* → radical du verbe + *-aba*, *-abas*, *-aba*, *-ábamos*, *-abais*, *-aban*.
- Pour les verbes en *-er* et *-ir* → radical du verbe + *-ía*, *-ías*, *-ía*, *-íamos*, *-íais*, *-ían*.
- **Trois verbes sont irréguliers à l'imparfait :**

ser → *era* – *ir* → *iba* – *ver* → *veía*

¡OJO! hay → ***había***

Emplois

Comme en français, l'imparfait s'utilise pour décrire **une action passée qui dure** et/ou qui **se répète**.

4. Le futur de l'indicatif

p. 94, 96, 104

Formation

Le futur se forme à partir de **l'infinitif**, auquel on ajoute les mêmes terminaisons pour tous les verbes : *-é*, *-ás*, *-á*, *-emos*, *-éis*, *-án*.

Dans les verbes irréguliers, l'irrégularité de la première personne se retrouve à toutes les personnes : *decir* → *diré* – *hacer* → *haré* – *poder* → *podré* – *querer* → *querré* – *saber* → *sabré* – *salir* → *saldré* – *tener* → *tendré* – *venir* → *vendré*

¡OJO! hay → ***habrá***

Emploi

Le futur exprime **une action non encore réalisée.**

5. L'impératif de tutoiement (2es pers. du sing. et du pl.)

p. 65, 67, 73

Formation

- **Impératif de tutoiement singulier** (*tú*)

Se forme à partir de la 2e personne du sing. du présent de l'indicatif moins *-s*.
Apaga. Éteins. – *Escucha.* Écoute. – *Aprende.* Apprends.

¡OJO! Il existe **huit verbes irréguliers** :
decir → *di* – *ir* → *ve* – *hacer* → *haz* – *poner* → *pon* – *salir* → *sal* – *ser* → *sé* – *tener* → *ten* – *venir* → *ven*

- **Impératif de tutoiement pluriel** (*vosotros*)

Formation

Il se forme à partir de l'infinitif moins *-r* plus *-d*.
Apagad. Éteignez. – *Escuchad.* Écoutez. – *Aprended.* Apprenez.

¡OJO! Les pronoms sont placés derrière le verbe en enclise.
Explícame. Explique-moi. – *Cállate*. Tais-toi. – *Háblame*. Parle-moi.
Les verbes pronominaux perdent le *-d* final à la 2e personne du pluriel.
Sentaos. Asseyez-vous. – *Callaos*. Taisez-vous. – *Levantaos*. Levez-vous.

• **Impératif à la forme négative (pour exprimer la défense, l'interdiction)**

Formation

Il se forme avec *no* + présent du subjonctif (2e pers. du sing. ou du pl.)
No grites. Ne crie pas. – *No hables.* Ne parle pas. – *No escribáis.* N'écrivez pas.

¡OJO! Il n'y a pas d'enclise à l'impératif négatif ; les pronoms compléments se placent devant le verbe.
No le hables. Ne lui parle pas.
No te preocupes. Ne t'en fais pas.
No os preocupéis. Ne vous inquiétez pas.

Emploi

Comme en français, l'impératif s'utilise en espagnol pour **donner un ordre, donner un conseil,** inviter quelqu'un à faire quelque chose.

6. Le présent du subjonctif

p. 62-66, 72, 82, 89, 95, 99, 105

Formation

• Pour les verbes en *-ar* : radical du verbe + *-e*, *-es*, *-e*, *-emos*, *-éis*, *-en*.

• Pour les verbes en *-er* et *-ir* : radical du verbe + *-a*, *- as*, *- a*, *-amos*, *-áis*, *-an*.

• Les verbes en *-go* à la 1re personne du singulier du présent de l'indicatif gardent leur irrégularité au présent du subjonctif.
tener (tengo) → *tenga* – *salir (salgo)* → *salga* – *hacer (hago)* → *haga*

• Les verbes qui diphtonguent au présent de l'indicatif **diphtonguent aussi au présent du subjonctif** (aux 3 personnes du singulier et à la 3e personne du pluriel).
pensar [*ie*] → *piense* – *contar* [*ue*] → *cuente*

• Les verbes qui s'affaiblissent au présent de l'indicatif **s'affaiblissent aussi au présent du subjonctif à toutes les personnes.**
pedir [*i*] → *pida, pidas, pida*…

¡OJO! Il peut y avoir modification orthographique pour garder le son : *elegir* → *elijamos.*

• Les verbes totalement irréguliers
estar → *esté* – *haber* → *haya* – *saber* → *sepa* – *ser* → *sea* – *ver* → *vea*

Emplois

Le subjonctif est le mode de l'irréel, de tout ce qui est **hypothétique**.
On l'utilise pour **exprimer** :
– une volonté, un souhait (*querer que* – *desear que*) ;
– un conseil (*aconsejar que* – *es mejor que* – *es importante que* – *es necesario que*) ;
– une demande (*pedir que* – *proponer que*) ;
– un but (*para que*) ;
– une hypothèse (*quizás* – *es posible que* – *puede que*) ;
– une interdiction (*no* + présent du subjonctif) ;
– *cuando* exprimé au futur (*cuando* + présent du subjonctif).

7. Le passé simple (3es pers. du sing. et du pl.)

p. 82, 83, 88

Formation

• Pour les verbes en *-ar*
– radical du verbe + *-ó* (3e pers. du sing.)
– radical du verbe + *-aron* (3e pers. du pl.)

• Pour les verbes en *-er* et *-ir*
– radical du verbe + *-ió* (3e pers. du sing.)
– radical du verbe + *-ieron* (3e pers. du pl.)

• Quatre verbes irréguliers fréquents
decir → *dijo*/*dijeron* – *hacer* → *hizo*/*hicieron* – *ser* → *fue*/*fueron* – *tener* → *tuvo*/*tuvieron*

Emploi

Le passé simple s'emploie pour **une action ponctuelle qui a eu lieu dans le passé et n'a pas de lien avec le présent.**

Conjugaciones

Infinitif	Présent de l'indicatif	Impératif (2es pers. sing. et pl.)	Présent du subjonctif	Imparfait de l'indicatif	Futur de l'indicatif

Les verbes réguliers

Hablar	hablo hablas habla hablamos habláis hablan	habla hablad	hable hables hable hablemos habléis hablen	hablaba hablabas hablaba hablábamos hablabais hablaban	hablaré hablarás hablará hablaremos hablaréis hablarán
Comer	como comes come comemos coméis comen	come comed	coma comas coma comamos comáis coman	comía comías comía comíamos comíais comían	comeré comerás comerá comeremos comeréis comerán
Vivir	vivo vives vive vivimos vivís viven	vive vivid	viva vivas viva vivamos viváis vivan	vivía vivías vivía vivíamos vivíais vivían	viviré vivirás vivirá viviremos viviréis vivirán

Les verbes à diphtongue e → ie o → ue u → ue

Pensar [ie]	pienso piensas piensa pensamos pensáis piensan	piensa pensad	piense pienses piense pensemos penséis piensen	pensaba pensabas pensaba pensábamos pensabais pensaban	pensaré pensarás pensará pensaremos pensaréis pensarán
Mover [ue]	muevo mueves mueve movemos movéis mueven	mueve moved	mueva muevas mueva movamos mováis muevan	movía movías movía movíamos movíais movían	moveré moverás moverá moveremos moveréis moverán
Jugar [ue]	juego juegas juega jugamos jugáis juegan	juega jugad	juegue juegues juegue juguemos juguéis jueguen	jugaba jugabas jugaba jugábamos jugabais jugaban	jugaré jugarás jugará jugaremos jugaréis jugarán

Les verbes à affaiblissement e → i

Pedir [i]	pido pides pide pedimos pedís piden	pide pedid	pida pidas pida pidamos pidáis pidan	pedía pedías pedía pedíamos pedíais pedían	pediré pedirás pedirá pediremos pediréis pedirán

Les verbes en -acer, -ecer, -ocer, -ucir de type conocer : c → zc

Aparecer	aparezco apareces aparece aparecemos aparecéis aparecen	aparece apareced	aparezca aparezcas aparezca aparezcamos aparezcáis aparezcan	aparecía aparecías aparecía aparecíamos aparecíais aparecían	apareceré aparecerás aparecerá apareceremos apareceréis aparecerán

Unidad 1 De vuelta al cole

• Le présent de l'indicatif des verbes réguliers

1. Conjugue les verbes entre parenthèses.

a. (aprender/vosotros) el español.
b. (hablar/ellos) alemán.
c. (escribir/nosotros) la lección.
d. Mis amigos (vivir) lejos del cole.
e. (presentarse/yo) a la directora.
f. (conocer/tú) mi dirección.

• Le présent de l'indicatif de *ser, tener, llamarse*

2. Conjugue les verbes entre parenthèses.

a. Los alumnos (ser) mexicanos.
b. (llamarse/nosotras) Dorotea y Sandra.
c. (tener/ellas) muchos amigos.
d. (ser/vosotros) hermanos.
e. (tener/él) catorce años.
f. ¿Cómo (llamarse/tú)?

• Les interrogatifs

3. Retrouve la question posée.

a. Se llaman Sara y Pedro.
b. Tengo trece años.
c. Están en el colegio.
d. Es María.
e. Sus apellidos son Pérez González.
f. Estoy bien.

• Le genre et le nombre

4. Écris au masculin ou au féminin.

a. Mi amigo es rubio.
b. La profesora es española.
c. El chico moreno es mi hermano.
d. Es mi futbolista preferido.
e. Mi mejor amigo es pianista.
f. Esta cantante es muy popular.

5. Mets au singulier ou au pluriel.

a. Es un nuevo profesor.
b. Es la hija de mi amiga.
c. Los alumnos son extranjeros.
d. La hermana de Sara es marroquí.
e. Las chicas son tímidas.
f. Las colegialas llevan un uniforme.

• L'obligation impersonnelle

6. Transforme selon le modèle.

Me levanto temprano. → Hay que levantarse temprano.

a. Respetamos las reglas.
b. Escuchan al profesor.
c. No se burlan.
d. Nos despertamos rápido.
e. La recibimos en casa.
f. Aprendéis las reglas del cole.

Unidad 2 ¡A divertirse!

• L'expression de l'habitude

7. Complète les phrases avec le verbe *soler*.

a. Luis .... practicar baloncesto.
b. (Nosotros) .... ir al cine los domingos.
c. (Yo) .... jugar con mi hermana.
d. Mis amigos .... ver la tele después del colegio.
e. (Tú) .... volver a casa a las 5 de la tarde.

• *Gustar*

8. Construis les phrases en utilisant *gustar*.

asistir a conciertos/yo → (A mí) me gusta asistir a conciertos.

a. pasear por la playa/mis padres
b. el tenis de mesa/(tú)
c. las películas románticas/mi hermana
d. tocar la trompeta/(vosotros)
e. las redes sociales/(nosotros)

• Les verbes à diphtongue

9. Conjugue les verbes entre parenthèses au présent de l'indicatif.

a. Mi abuela (contar) historias a sus nietos.
b. (soñar/yo) con ser actor.
c. No (entender/tú) la canción.
d. (volver/nosotros) a ver esta película.
e. (encender/vosotros) el ordenador cada mañana.

• Les verbes à affaiblissement

10. Conjugue les verbes entre parenthèses au présent de l'indicatif.

a. Mi profesora (repetir) la frase.
b. (corregir/tú) tus ejercicios.
c. (pedir/vosotros) dinero para ir al cine.
d. (vestirse/yo) para ir al fútbol.

• L'expression du souhait

11. Utilise *gustaría* dans les propositions suivantes.

a. Mi tía/tener un bebé.
b. Los alumnos del colegio/tener una cafetería.
c. (Yo)/ir al cole en moto.
d. (Tú)/leer más mangas.
e. (Vosotros)/practicar padel.

• *Pasarse* + durée + gérondif

12. Utilise cette structure comme dans le modèle.

Ana/los miércoles/estudiar. → Ana se pasa los miércoles estudiando.

a. Luisa y Miguel/las vacaciones/descansar en la playa.
b. (Nosotras)/los fines de semana/salir juntas.
c. (Yo)/la tarde/navegar por Internet.
d. Mi padre/los domingos/ver la tele.

Unidad 3 ¿Somos amigos?

• L'obligation personnelle

13. Transforme selon le modèle.

Un amigo es amable. → Un amigo tiene que/debe ser amable.

a. Un buen amigo no olvida los cumpleaños.
b. Cumplo con mis promesas.
c. Respetáis los secretos de vuestros amigos.
d. Somos honestos y leales.
e. Los amigos ofrecen su apoyo.

• Le passé composé

14. Conjugue les verbes (réguliers) entre parenthèses au passé composé.

a. (Saltar/nosotros) a la comba.
b. Pablo (jugar) con su prima.
c. Inés y Josefina (esconderse) en el patio.
d. Le (enseñar/él) a tocar piano.
e. Siempre (vivir/vosotros) en Salamanca.

15. Mets les phrases au passé composé (verbes irréguliers).

a. Leo un libro apasionante.
b. Haces seriamente tus tareas.
c. Amaya y yo escribimos una carta.
d. Veis una telenovela.
e. Abren la puerta para recibirlos.

• Les verbes à tournure affective

16. Construis des phrases selon le modèle.

Julieta/encantar/las chucherías. → A Julieta le encantan las chucherías.

a. (Yo)/volver loco/las películas de amor.
b. (Vosotros)/encantar/ir al cine.
c. (Nosotros)/chiflar/ese grupo de música.
d. Luciana y Sergio/encantar/viajar.
e. Lucas/volver loco/los partidos de la Liga.

• Le superlatif absolu

17. Construis des phrases selon le modèle.

Rodrigo/bueno → Rodrigo es buenísimo/es muy bueno.

a. Diego/guapo
b. Inés/inteligente
c. Carmen/maja
d. los ejercicios/difíciles
e. esta película/interesante

• Les indéfinis de quantité : *todo(s), toda(s), mucho(s), mucha(s)*

18. Complète avec l'indéfini qui convient.

a. Tengo .... amigas.
b. Se ha comido .... la tortilla.
c. Hace .... calor.
d. Tiene .... problemas.
e. .... los alumnos van a clase.

Unidad 4 ¡Comuniquemos!

• Le présent du subjonctif des verbes réguliers

19. Conjugue les verbes entre parenthèses.

a. Es mejor que (llevar/ella) a sus hijos a patinar por la tarde.
b. Insisten para que les (llamar/nosotros) al llegar.
c. Es necesario que (compartir/ellos) más tiempo juntos.
d. Quiero que (colaborar/tú) más en las tareas domésticas.
e. Os pide que (prestar/vosotros) atención.

• Le présent du subjonctif des verbes irréguliers

20. Conjugue les verbes à la personne indiquée.

a. decir (yo)
b. hacer (tú)
c. conocer (usted)
d. dar (nosotras)
e. ser (vosotros)
f. ir (ellas)

• L'expression du conseil : *es mejor que/ es preferible que* + subj.

21. Transforme les phrases en conseils selon le modèle.

Ser prudente (tú) → Es mejor que seas prudente.

a. Responder (usted) por escrito a su pedido.
b. Pedir (vosotros) permiso a vuestros padres antes de salir.
c. Salir (tú) con tus amigos.
d. No chatear (vosotros) con desconocidos.
e. Dedicar (tú) más tiempo a los estudios que a los videojuegos.

• L'expression de l'ordre : l'impératif

22. Donne des ordres à un(e) camarade (tu) puis à plusieurs (vous).

a. Dejar el móvil.
b. Abrir la puerta, por favor.
c. Hacer tu trabajo.
d. Apuntar los ejercicios.
e. Salir de tu habitación.

• L'expression de la défense : *no* + présent du subjonctif

23. Construis des phrases pour émettre une interdiction.

a. Ser insolente (tú)
b. Gritar (vosotros)
c. Enseñar su contraseña (usted)
d. Decir mentiras (tú)
e. Hablar tan alto (vosotros)

• L'enclise

24. Remplace le groupe nominal souligné par un pronom.

a. Escucha <u>el consejo</u>.
b. Respeta <u>a tus padres</u>.
c. Apaga <u>la televisión</u>.
d. Carga <u>las fotos</u> en el ordenador.
e. Prestad <u>vuestros videojuegos</u>.

Unidad 5 Érase una vez...

• L'imparfait de l'indicatif des verbes réguliers

25. Conjugue les verbes entre parenthèses.

a. (llamarse/vosotros) por teléfono.
b. (escribir/nosotros) una carta.
c. (vivir/ella) en Madrid.
d. Mis amigos (llevarse) bien.
e. (tener/tú) un mapa del centro histórico.

• *Hay, hace* ou *desde hace*

26. Complète les phrases avec *hay*, *hace* ou *desde hace*. Fais attention aux temps !

a. .... mucho que descubrir.
b. Aprendo español .... dos años.
c. .... diez años, podíamos visitar la ciudad.
d. Vivía en Barcelona .... tres años.
e. .... muchas ciudades turísticas.

• L'expression de la simultanéité

27. Transforme les phrases avec *al* + infinitif.

a. Cuando escucho un cuento, recuerdo mi infancia.
b. Cuando veo un cuadro de El Greco, me pongo melancólico.
c. Cuando te diviertes, no piensas en nada.
d. Cuando sigo la información del mapa, no me pierdo.

• L'imparfait de l'indicatif des verbes à diphtongue ou à affaiblissement

28. Mets les phrases à l'imparfait.

a. Le cuenta la historia de la ciudad.
b. Vuelvo de Toledo.
c. María prefiere descubrir museos.
d. Solemos soñar con las vacaciones.
e. Sigues la dirección indicada.

• Exprimer l'hypothèse avec le subjonctif

29. Conjugue les verbes entre parenthèses.

a. Es posible que el niño (estar) tranquilo.
b. Quizás el monstruo (venir) para ayudarle.
c. Puede que la película (dar) miedo.
d. Es probable que la historia (interesarnos).
e. Puede que los niños (saber) quién es.

• Le passé simple (3e personne)

30. Conjugue les verbes entre parenthèses.

a. La historia me (fascinar).
b. El chico (inventarse) un mundo.
c. Los alumnos (tener) miedo.
d. La película (ser) extraordinaria.
e. Pedrito y los niños (vivir) aventuras.

• Les temps du passé

31. Choisis l'imparfait ou le passé simple.

a. En aquel tiempo, Toledo (era/fue) una ciudad animada.
b. El loro (vivía/vivió) en libertad con la familia.
c. Los niños le (enseñaban/enseñaron) malas palabras.
d. El loro (tenía/tuvo) un nombre.
e. Ayer, mi amiga me (decía/dijo) el final del cuento.

Unidad 6 Nuestros proyectos

• Le futur de l'indicatif des verbes réguliers.

32. Mets ces phrases au futur.

a. Soy el director de esta agencia.
b. Sueño con ser el peluquero más famoso de Madrid.
c. Comemos ceviche de pescado.
d. Beben un mate argentino.
e. Viven en la capital de Cuba.

• Le futur de l'indicatif des verbes irréguliers

33. Conjugue les verbes entre parenthèses.

a. ¿Cuándo (hacer/tú) tu proyecto en la asociación?
b. No sé qué voluntario (venir) a vernos.
c. Ustedes no (poder) venir con nosotros.
d. Juan (tener) el premio del mejor voluntario.
e. (querer/ vosotros) salvar a las tortugas marinas.

• *Cuando* + subjonctif

34. Conjugue les verbes entre parenthèses.

a. Cuando (ser/yo) mayor, (ser) panadero.
b. Cuando (ser/nosotros) mayores, (ser) arquitectos.
c. Cuando (tener/tú) tiempo, (apuntarse) a esta asociación.
d. Cuando (poder/vosotros) recuperar dinero suficiente, (construir) este centro para los más pobres.
e. Cuando (tener/ellas) veinte años, (viajar) a Argentina.

• *Por/para*

35. Complète avec la bonne préposition.

a. Hacemos esto .... ti.
b. Participan en este proyecto .... proteger a los animales.
c. Voy a Perú .... admirar el Machu Picchu.
d. La asociación fue fundada .... el antiguo presidente.
e. Costa Rica protege su medio ambiente .... proteger su ecosistema.

Español-francés

Abréviations : *adj.* adjectif – *adv.* adverbe - *conj.* conjonction – *f.* féminin – *interr.* interrogatif – *irrég.* irrégulier – *m.* masculin – *n.* nom – *pl.* pluriel – *qqch.* quelque chose – *qqn.* quelqu'un – *sing.* singulier – **[ue]**, (**-go**) indiquent l'irrégularité – *v.* verbe.

A

al cepillo *adj.*	en brosse
a veces *adv.*	parfois
abogado, a *n*	avocat, e
aburrido, a *adj.*	ennuyeux, euse
aburrirse *v.*	s'ennuyer
acabar *v.*	terminer
acabar de *v.*	venir de (faire qqch.)
acampar *v.*	camper
acercarse *v.*	s'approcher
acudir (a) *v.*	aller (à), se rendre (à)
afición *n.f.*	hobby, passe-temps
ahora *adv.*	maintenant
ajedrez *n.m.*	les échecs
albañil *n.m.*	maçon
alegre *adj.*	joyeux, euse
alegría *n.f.*	joie
alguien *adv.*	quelqu'un
alto, a *adj.*	grand, e
amable *adj.*	aimable
amansar *v.*	domestiquer
amarillo, a *adj.*	jaune
ambicioso, a *adj.*	ambitieux, euse
ambiente *n.m.*	ambiance, atmosphère
antes *adv.*	avant
anuncio *n.m.*	publicité, annonce
aparecer (-zco) *v.irrég.*	apparaître
apetecer *v.*	avoir envie
aplastar *v.*	écraser
aprovechar *v.*	profiter (de)
apuntar *v.*	noter
árbol *n.m.*	arbre
arco iris *n.m.*	arc-en-ciel
arrojarse *v.*	se jeter
asignatura *n.f.*	discipline, matière
atento, a *adj.*	attentif, ive
aterrorizado, a *adj.*	terrorisé, e
atrevido, a *adj.*	audacieux, euse
aula *n.f.*	salle de classe
ayer *adv.*	hier
ayudar *v.*	aider

B

bajo, a *adj.*	petit, e
baloncesto *n.m.*	basket-ball
balonmano *n.m.*	handball
bañarse *v.*	se baigner
blusa *n.f.*	chemisier
bolso *n.m.*	sac
bombero, a *n.*	pompier, ière
bonito, a *adj.*	beau, belle
bosque *n.m.*	bois
brazo *n.m.*	bras
bricolaje *n.m.*	bricolage
bufanda *n.f.*	écharpe
burlarse *v.*	se moquer

C

cambiar *v.*	changer
camino *n.m.*	chemin
camisa *n.f.*	chemise
campaña *n.f.*	campagne (publicitaire)
campeón, ona *n.*	champion, ne
campeonato *n.m.*	championnat
campo *n.m.*	campagne, terrain (sport)
cantante *n.m/f.*	chanteur, euse
cárcel *n.f.*	prison
cariño *n.m.*	affection, tendresse
cariñoso, a *adj.*	affectueux, euse
carretera *n.f.*	route
cartel *n.m.*	affiche
cartera *n.f.*	sacoche, portefeuille
castaño, a *adj.*	châtain
castigar *v.*	punir
castillo *n.m.*	château
cazar *v.*	chasser
chándal *n.m.*	survêtement
chaqueta *n.f.*	veste
chatear *v.*	chatter
cinta *n.f.*	ruban
ciudad *n.f.*	ville
cocina *n.f.*	cuisine
cocinar *v.*	cuisiner
cocinero, a *n.*	cuisinier, ère
coche *n.m.*	voiture
columpio *n.m.*	balançoire
comedor *n.m.*	salle à manger
comer *v.*	manger
cómic *n.m.*	bande dessinée
compañero, a *n.*	camarade
comprar *v.*	acheter
comprometerse *v.*	s'engager
concierto *n.m.*	concert
concurso *n.m.*	concours
conejo *n.m.*	lapin
conmover [ue] *v.irrég.*	émouvoir
conocer (-zco) *v.irrég.*	connaître
conseguir [i] *v.irrég.*	réussir
construir (-yo) *v.irrég.*	construire
contar [ue] *v.irrég.*	raconter, compter
controvertido, a *adj.*	controversé, e
convivir *v.*	cohabiter
correr *v.*	courir
corto, a *adj.*	court, e
costura *n.f.*	couture
cruzar *v.*	traverser
cuadro *n.m.*	tableau
cuento *n.m.*	conte
cuidar (a/de) *v.*	s'occuper de
curar *v.*	soigner

D

dato *n.m.*	donnée
de pronto *adv.*	soudain
decir (-go) *v.irrég.*	dire
dedicarse a *v.*	se consacrer à
dejar *v.*	laisser
delgado, a *adj.*	mince
delincuente *n.m.*	délinquant
denunciar *v.*	dénoncer
depender de *v.*	dépendre de
deporte *n.m.*	sport
deportista *n.*	sportif, ive
deportivo, a *adj.*	sportif, ive
desacuerdo *n.m.*	désaccord
desaparecer (-zco) *v.irrég.*	disparaître
desarrollar *v.*	développer
descansar *v.*	se reposer
descanso *n.m.*	repos
descargar *v.*	télécharger
desconocido, a *n.*	inconnu, e
descontento, a *adj.*	mécontent, e
descubrir *v.*	découvrir
desear *v.*	désirer
desesperado, a *adj.*	désespéré, e
desierto *n.m.*	désert
desperdicio *n.m.*	gâchis
despertarse [ie] *v.irrég.*	se réveiller
después *adv.*	après
dibujar *v.*	dessiner
dibujo *n.m.*	dessin
dinero *n.m.*	argent
dirección *n.f.*	direction, adresse
discutir *v.*	se disputer
disfraz *n.m.*	déguisement
disfrutar de *v.*	profiter de
disponer (-go) *v.irrég.*	disposer
divertido, a *adj.*	amusant, e
divertirse [ie] *v.irrég.*	s'amuser
dolor *n.m.*	douleur
dormir [ue] *v.irrég.*	dormir
dormirse [ue] *v.irrég.*	s'endormir

E

edad *n.f.*	âge
edificio *n.m.*	immeuble
elegir [i] *v.irrég.*	choisir
empezar [ie] *v.irrég.*	commencer
empresa *n.f.*	entreprise
enamorado, a *adj.*	amoureux, euse
encender [ie] *v.irrég.*	allumer
encontrar [ue] *v.irrég.*	rencontrer
enchufe *n.m.*	prise électrique
enfadarse *v.*	se mettre en colère
enfermo, a *adj.*	malade
enfrentar *v.*	affronter

enfriarse *v.* se refroidir
enriquecer (-zco) *v.irrég.* enrichir
enseñar *v.* montrer, enseigner
entender [ie] *v.irrég.* comprendre
enterarse (de algo) *v.* apprendre (qqch.)
entonces *conj.* donc, alors
entorno *n.m.* environnement
entrenador, a *n.m.* entraîneur, euse
entrenamiento *n.m.* entraînement
entrenarse *v.* s'entraîner
entretenido, a *adj.* amusant, e
entrevista *n.f.* interview
enviar *v.* envoyer
envidia *n.f.* envie
envidiar *v.* envier
envidioso, a *adj.* envieux, euse
equivocarse *v.* se tromper
escaparse *v.* s'échapper
escolar *adj.* scolaire
esconderse *v.* se cacher
escuchar *v.* écouter
estación *n.f.* saison, gare
estadio *n.m.* stade
estar de moda *v.* être à la mode
estuche *n.m.* trousse
estudiar *v.* étudier
exagerar *v.* exagérer
explicar *v.* expliquer
expresar *v.* exprimer
extraescolar *adj.* extrascolaire

F

falda *n.f.* jupe
familiar *adj.* familial, e
favorito, a *adj.* préféré, e
felicidad *n.f.* bonheur
feliz *adj.* heureux, euse
finde *n.m. (fam.)* week-end
fin de semana *n.m.* week-end
finca *n.f.* grand domaine
flauta *n.f.* flûte
flipar *v.* halluciner
fomentar *v.* promouvoir
fontanero, a *n.* plombier
fortalecer (-zco) *v.irrég.* renforcer
fregar [ie] *v.irrég.* nettoyer
fuera *adv.* dehors
fútbol *n.m.* football
futbolín *n.m.* baby-foot

G

gafas de bucear *n.f.pl.* lunettes de plongée
gafas *n.f.pl.* lunettes
gallina *n.f.* poule
ganar *v.* gagner
gimnasio *n.m.* gymnase
goloso, a *adj.* gourmand, e
gordo, a *adj.* gros, se
gorra *n.f.* casquette
gorro *n.m.* bonnet
gracioso, a *adj.* drôle
granja *n.f.* ferme
gritar *v.* crier
guapo, a *n.* beau, belle
guitarra *n.f.* guitare
gusto *n.m.* goût

H

hacer (-go) *v.irrég.* faire
hada *n.f.* fée
hambre *n.m.* faim
herir [ie] *v.irrég.* blesser
hermano, a *n.* frère, sœur
herramienta *n.f.* outil
hoja *n.f.* feuille
hombro *n.m.* épaule
hormiga *n.f.* fourmi
horror *n.m.* horreur
hoy *adv.* aujourd'hui
huir (-yo) *v.irrég.* fuir
husmear *v.* fouiner, fouiller

I

idioma *n.m.* langue (étrangère)
increíble *adj.* incroyable
indagar *v.* creuser, enquêter
infancia *n.f.* enfance
infantil *adj.* enfantin, e
infeliz *adj.* malheureux, euse
inolvidable *adj.* inoubliable
intentar *v.* essayer
intimidad *n.f.* intimité

J

jersey *n.m.* pull
joven *n./adj.* jeune
juego *n.m.* jeu
jugador, a *n.* joueur, euse
jugar [ue] *v.irrég.* jouer
juntos, as *adj.* ensemble
juventud *n.f.* jeunesse

L

lado *n.m.* côté
ladrón, ona *n.* voleur, euse
lamentarse *v.* se plaindre
lanzar *v.* lancer
largo, a *adj.* long, longue
lavadora *n.f.* machine à laver
lazo *n.m.* lien
leal *adj.* loyal, e
lealtad *n.f.* loyauté
leche *n.f.* lait
lejos *adv.* loin
levantarse *v.* se lever
libro *n.m.* livre
ligar *v.* draguer, flirter
liso, a *adj.* lisse, raide
listo, a *adj.* intelligent, e ; prêt, e
llave *n.f.* clé
llegar *v.* arriver
llenar *v.* remplir
llevar *v.* porter
llevarse bien/mal *v.* s'entendre bien/mal
llorar *v.* pleurer
llover [ue] *v.irrég.* pleuvoir
lluvia *n.f.* pluie
loco, a *adj.* fou, folle
loro *n.m.* perroquet
luchar *v.* combattre
lugar *n.m.* lieu, endroit

M

malo, a *adj.* méchant, e
maltratar *v.* maltraiter
mandar *v.* envoyer
manera *n.f.* manière, façon
mantel *n.m.* nappe
manualidades *n.f.pl.* travaux manuels
máquina *n.f.* machine
mar *n.m.* mer
maravilloso, a *adj.* merveilleux, euse
matrimonio *n.m.* mariage, couple
mejorar *v.* améliorer
mendigar *v.* mendier
mensaje *n.m.* message
mercado *n.m.* marché
mes *n.m.* mois
mesa *n.f.* table
miedo *n.m.* peur
mochila *n.f.* sac à dos
montaña *n.f.* montagne
moreno, a *adj.* brun, e
móvil *n.m.* téléphone portable
muñeca *n.f.* poupée
museo *n.m.* musée

N

nacer (-zco) *v.irrég.* naître
nadar *v.* nager
naranja *adj.* orange (couleur)
naranja *n.f.* orange (fruit)
naranjo *n.m.* oranger
natación *n.f.* natation
naturaleza *n.f.* nature
navegar (por Internet) *v.* surfer (sur Internet)
navidad *n.f.* nativité, Noël
necesitar *v.* avoir besoin de
niñez *n.f.* enfance
niño, a *n.* enfant
nochebuena *n.f.* nuit de Noël
noticia *n.f.* nouvelle
numeroso, a *adj.* nombreux, euse

O

ocio *n.m.* loisirs
oficio *n.m.* métier
ojo *n.m.* œil
ondulado, a *adj.* ondulé, e
opinión *n.f.* opinion
orden *n.f.* ordre
ordenador *n.m.* ordinateur
oreja *n.f.* oreille
orientarse *v.* s'orienter, se repérer
origen *n.m.* origine
orilla *n.f.* berge, bord, rive

P

paciencia *n.f.* patience
paisaje *n.m.* paysage
pájaro *n.m.* oiseau
palacio *n.m.* palais
pan *n.m.* pain
panadería *n.f.* boulangerie
panadero, a *n.* boulanger, ère
papelera *n.f.* corbeille à papier
pararse *v.* s'arrêter
parque *n.m.* parc
partido *n.m.* match
pasar lista *v.* faire l'appel
pasarlo bien *v.* s'amuser
pasatiempo *n.m.* passe-temps, hobby
pasearse *v.* se promener
paseo *n.m.* promenade
patio *n.m.* cour (intérieure)
payaso *n.m./f.* clown
pedir [i] *v.irrég.* demander
pelear *v.* se battre
película *n.f.* film
peligro *n.m.* danger
peligroso, a *adj.* dangereux, euse
pelirrojo, a *adj.* roux, rousse
pelo *n.m.sing.* cheveux
peluquería *n.f.* salon de coiffure
peluquero, a *n.* coiffeur, euse
pequeño, a *adj.* petit, e
perderse [ie] *v.irrég.* se perdre
peregrino, a *n.* pèlerin
periódico *n.m.* journal
perseguir [i] *v.irrég.* poursuivre
pesado, a *adj.* lourd, e
pez *n.m.* poisson
pintar *v.* peindre
pintor, a *n.* peintre
pintura *n.f.* peinture
pista de esquí *n.f.* piste de ski
pizarra *n.f.* tableau
planear *v.* planifier
población *n.f.* population
pobre *adj.* pauvre
pobreza *n.f.* pauvreté
poder [ue] *v.irrég.* pouvoir
poner (-go) *v.irrég.* mettre
preferir [ie] *v.irrég.* préférer
preguntar *v.* demander, poser une question
preocupado, a *adj.* inquiet, ète
prestar *v.* prêter
principio *n.m.* début
prohibir *v.* interdire
pronto *adv.* bientôt
proteger *v.* protéger
próximo, a *adj.* prochain, e
proyecto *n.m.* projet
pueblo *n.m.* village, peuple

Q

quejarse *v.* se plaindre
querer [ie] *v.irrég.* vouloir, aimer (qqn.)

R

rastrear *v.* tracer, suivre
rato *n.m.* moment
reaccionar *v.* réagir
reciclar *v.* recycler
recordar [ue] *v.irrég.* se souvenir, se rappeler
recorrer *v.* parcourir
recuerdo *n.m.* souvenir
refugiarse *v.* se réfugier
regalar *v.* offrir
regañar *v.* se disputer
registrarse *v.* s'inscrire
reírse [i] *v.irrég.* rire
rellenar *v.* remplir
renunciar *v.* renoncer
reñir [i] *v.irrég.* gronder
reñirse [i] *v.irrég.* se disputer
repetir [i] *v.irrég.* répéter
resolver [ue] *v.irrég.* résoudre
respetar *v.* respecter
respeto *n.m.* respect
retraso *n.m.* retard
revista *n.f.* magazine
rico, a *adj.* riche
riesgo *n.m.* risque
rizado, a *adj.* frisé, e
rodear *v.* entourer
rojo, a *adj.* rouge
romper *v.* casser, briser
ropa *n.f.* vêtements
rotulador *n.m.* feutre, surligneur
rubio, a *adj.* blond, e
ruido *n.m.* bruit
ruidoso, a *adj.* bruyant, e

S

sacerdote *n.m.* prêtre
saldo *n.m.* forfait
salvar *v.* sauver
seguir [i] (-go) *v.irrég.* suivre, continuer
sencillo, a *adj.* simple
senderismo *n.m.* randonnée
sentarse [ie] *v.irrég.* s'asseoir
sentirse [ie] (solo, a) *v.irrég.* se sentir (seul, e)
señal *n.f.* signe, panneau
siempre *adv.* toujours
silla *n.f.* chaise
soler [ue] *v.irrég.* avoir l'habitude de
soñador, a *adj.* rêveur, euse
soñar [ue] con *v.irrég.* rêver de
sordo, a *adj.* sourd, e
subir *v.* monter, télécharger
suelo *n.m.* sol
sueño *n.m.* rêve

T

taller *n.m.* atelier
tantear *v.* tâter, sonder
tardar (en) *v.* prendre, mettre du temps (à)
tarea *n.f.* tâche, devoir
tarea doméstica *n.f.* tâche ménagère
tebeo *n.m.* bande dessinée
tejado *n.m.* toit
tienda *n.f.* boutique
tijeras *n.f.pl.* ciseaux
tiro con arco *n.m.* tir à l'arc
tormenta *n.f.* tempête
tortuga *n.f.* tortue
trabajador, a *adj.* travailleur, euse
traducir (-zco) *v.irrég.* traduire
traer (-go) *v.irrég.* apporter
tristeza *n.f.* tristesse

V

vacilar *v.* hésiter
vacío, a *adj.* vide
valiente *adj.* courageux, euse
vaqueros *n.m.pl.* jean (pantalon)
vender *v.* vendre
ventaja *n.f.* avantage
ventana *n.f.* fenêtre
verano *n.m.* été
verdad *n.f.* vérité
verdadero, a *adj.* vrai, e ; véritable
vestido *n.m.* vêtement, robe
vestir [i] *v.irrég.* habiller, vêtir
viajero, a *n.* voyageur, euse
vigilante *n.m./f.* surveillant, e
vigilar *v.* surveiller
vuelta *n.f.* retour

Z

zapatilla de deporte *n.f.* basket, chaussure de sport
zapato *n.m.* chaussure

Français-espagnol Léxico

A

acheter	comprar *v.*
adresse	dirección *n.f.*
affection	cariño *n.m.*
affectueux, euse	cariñoso, a *adj.*
affiche	cartel *n.m.*
affronter	enfrentar *v.*
âge	edad *n.f.*
aider	ayudar *v.*
aimable	amable *adj.*
aimer (qqn.)	querer [ie] *v.irrég.*
aimer (qqch.)	gustar *v.*
aller (à)	ir (a) *v.*
allumer	encender [ie] *v.irrég.*
alors	entonces *conj.*
ambiance	ambiente *n.m.*
ambitieux, euse	ambicioso, a *adj.*
améliorer	mejorar *v.*
amoureux, euse	enamorado, a *adj.*
amusant, e	entretenido, a; divertido, a *adj.*
apparaître	aparecer (-zco) *v.irrég.*
apporter	traer (-go) *v.irrég.*
apprendre (qqch.)	enterarse *v.* (de algo)
après	después *adv.*
arbre	árbol *n.m.*
arc-en-ciel	arco iris *n.m.*
argent	dinero *n.m.*
arriver	llegar *v.*
atelier	taller *n.m.*
attentif, ive	atento, a *adj.*
audacieux, euse	atrevido, a *adj.*
aujourd'hui	hoy *adv.*
avant	antes *adv.*
avantage	ventaja *n.f.*
avocat, e	abogado, a *n.*
avoir (besoin de)	necesitar *v.*
avoir (envie)	apetecer (-zco) *v.irrég.*
avoir (l'habitude de)	soler [ue] *v.irrég.*

B

baby-foot	futbolín *n.m.*
balançoire	columpio *n.m.*
bande dessinée	cómic; tebeo *n.m.*
basket (chaussure de sport)	zapatilla de deporte *n.f.*
basket-ball	baloncesto *n.m.*
beau, belle	bonito, a; guapo, a *adj.*
berge	orilla *n.f.*
bientôt	pronto *adv.*
blesser	herir [ie] *v.irrég.*
blond, e	rubio, a *adj.*
bois	bosque *n.m.*
bonheur	felicidad *n.f.*
bonnet	gorro *n.m.*
boulanger, ère	panadero, a *n.*
boulangerie	panadería *n.f.*
boutique	tienda *n.f.*
boxe	boxeo *n.m.*
bras	brazo *n.m.*
bricolage	bricolaje *n.m.*
bricoler	bricolar *v.*
bruit	ruido *n.m.*
brun, e	moreno, a *adj.*
bruyant, e	ruidoso, a *adj.*

C

camarade	compañero, a *n.*
campagne (publicitaire)	campaña *n.f.*
camper	acampar *v.*
casquette	gorra *n.f.*
casser	romper *v.*
chaise	silla *n.f.*
champion, ne	campeón, ona *n.*
championnat	campeonato *n.m.*
changer	cambiar *v.*
chanteur, euse	cantante *n.*
chasser	cazar *v.*
châtain	castaño, a *adj.*
château	castillo *n.m.*
chatter	chatear *v.*
chaussure	zapato *n.m.*
chemin	camino *n.m.*
chemise	camisa *n.f.*
chemisier	blusa *n.f.*
cheveux	pelo *n.m.sing.*
choisir	elegir [i] *v.irrég.*
ciseaux	tijeras *n.f.pl.*
clé	llave *n.f.*
clown	payaso *n.m./f.*
cohabiter	convivir *v.*
coiffeur, euse	peluquero, a *n.*
combattre	luchar *v.*
commencer	empezar [ie] *v.irrég.*
comprendre	entender [ie] *v.irrég.*
compter	contar [ue] *v.irrég.*
concert	concierto *n.m.*
concours	concurso *n.m.*
connaître	conocer (-zco) *v.irrég.*
construire	construir (-yo) *v.*
conte	cuento *n.m.*
continuer	seguir [i] *v.irrég.*
controversé, e	controvertido, a *adj.*
corbeille à papier	papelera *n.f.*
côté	lado *n.m.*
couple	pareja *n.f.*
cour intérieure	patio *n.m.*
courageux, euse	valiente *adj.*
courir	correr *v.*
court, e	corto, a *adj.*
couture	costura *n.f.*
enquêter	indagar *v.*
crier	gritar *v.*
cuisine	cocina *n.f.*
cuisiner	cocinar *v.*
cuisinier, ère	cocinero, a *n.*
culturel, le	cultural *adj.*
cyclisme	ciclismo *n.m.*

D

danger	peligro *n.m.*
dangereux, euse	peligroso, a *adj.*
début	principio *n.m.*
découvrir	descubrir *v.*
déguisement	disfraz *n.m.*
dehors	fuera *adv.*
délinquant, e	delincuente *n.*
demander (poser une question)	preguntar *v.*
demander (qqch.)	pedir [i] *v.irrég.*
dénoncer	denunciar *v.*
dépendre de	depender de *v.*
désaccord	desacuerdo *n.m.*
désert	desierto *n.m.*
désespéré, e	desesperado, a *adj.*
désirer	desear *v.*
développer	desarrollar *v.*
devoir	tarea *n.f.*
devoir	deber, tener [ie] que *v.irrég.*
dire	decir (-go) *v.irrég.*
direction	dirección *n.f.*
discipline	asignatura *n.f.*
disparaître	desaparecer (-zco) *v.irrég.*
disposer	disponer (-go) *v.irrég.*
domestiquer	amansar *v.*
donc	entonces *conj.*
donnée	dato *n.m.*
dormir	dormir [ue] *v.irrég.*
douleur	dolor *n.m.*
draguer	ligar *v.*
drôle	gracioso, a *adj.*

E

écharpe	bufanda *n.f.*
échecs (jeu)	ajedrez *n.m.*
écraser	aplastar *v.*
émouvoir	conmover [ue] *v.irrég.*
en brosse	al cepillo *adj.*
enfance	infancia, niñez *n.f.*
enfant	niño, a *n.*
enfantin, e	infantil *adj.*
ennuyeux, euse	aburrido, a *adj.*
enrichir	enriquecer (-zco) *v.irrég.*
ensemble	juntos, as *adj.*
entourer	rodear *v.*
entraînement	entrenamiento *n.m.*
entraîner	entrenar *v.*
entraîneur, euse	entrenador, a *n.*
entreprise	empresa *n.f.*
envie	envidia *n.f.*
envier	envidiar *v.*
envieux, euse	envidioso, a *adj.*
environnement	entorno *n.m.*
envoyer	enviar; mandar *v.*
épaule	hombro *n.m.*

Léxico Français-espagnol

essayer	intentar *v.*
été	verano *n.m.*
être à la mode	estar de moda *v.*
exagérer	exagerar *v.*
exprimer	expresar *n.*
extrascolaire	extraescolar *adj.*

F

faim	hambre *n.f.*
faire l'appel	pasar lista *v.*
faire	hacer (-go) *v.irrég.*
familial, e	familiar *adj.*
fée	hada *n.f.*
fenêtre	ventana *n.f.*
ferme	granja *n.f.*
feuille	hoja *n.f.*
feutre	rotulador *n.m.*
film	película *n.f.*
flûte	flauta *n.f.*
football	fútbol *n.m.*
forfait	saldo *n.m.*
fou, folle	loco, a *adj.*
fouiller	rebuscar *v.*
fouiner	husmear *v.*
fourmi	hormiga *n.f.*
frère	hermano *n.m.*
frisé, e	rizado, a *adj.*
fuir	huir (-yo) *v.irrég.*

G

gâchis	desperdicio *n.m.*
gagner	ganar *v.*
gare	estación *n.f.*
gourmand, e	goloso, a. *adj.*
goût	gusto *n.m.*
grands-parents	abuelos *n.m.pl.*
grand, e	alto, a *adj.*
gronder	reñir [i] *v.irrég.*
gros, grosse	gordo, a *adj.*
guitare	guitarra *n.f.*
gymnase	gimnasio *n.m.*

H

habiller	vestir [i] *v.irrég.*
habitude (avoir l')	soler [ue] *v.irrég.*
halluciner	flipar *v.*
handball	balonmano *n.m.*
hésiter	vacilar *v.*
heureux, euse	feliz *adj.*
hier	ayer *adv.*
hobby	afición *n.f.*
horreur	horror *n.m.*

I

immeuble	edificio *n.m.*
inaccessible	inaccesible *adj.*
inadmissible	inadmisible *adj.*
inconnu, e	desconocido, a *n.*
incroyable	increíble *adj.*
infarctus	infarto *n.m.*
inoubliable	inolvidable *adj.*
inquiet, ète	preocupado, a *adj.*
intelligent, e	listo, a *adj.*
interdire	prohibir *v.*
interview	entrevista *n.f.*
intimité	intimidad *n.f.*

J

jaune	amarillo, a *adj.*
jean (pantalon)	vaqueros *n.m.pl.*
jeu	juego *n.m.*
jeune	joven *adj.*
jeunesse	juventud *n.f.*
joie	alegría *n.f.*
jouer	jugar [ue] *v.irrég.*
joueur, euse	jugador, a *n.*
journal	periódico *n.m.*
joyeux, euse	alegre *adj.*
jupe	falda *n.f.*

L

laisser	dejar *v.*
lait	leche *n.f.*
lancer	lanzar *v.*
langue (étrangère)	idioma *n.m.*; lengua *n.f.*
lapin	conejo *n.m.*
lien	lazo *n.m.*
lieu	lugar *n.m.*
lisse	liso, a *adj.*
loin	lejos *adv.*
loisirs	ocio *n.m.*
long, longue	largo, a *adj.*
lourd, e	pesado, a *adj.*
loyal, e	leal *adj.*
loyauté	lealtad *n.f.*
lunettes	gafas *n.f.pl.*
lunettes de plongée	gafas de bucear *n.f.pl.*

M

machine	máquina *n.f.*
machine à laver	lavadora *n.f.*
maçon	albañil *n.m.*
magazine	revista *n.f.*
maintenant	ahora *adv.*
malade	enfermo, a *adj.*
malheureux, euse	infeliz *adj.*
maltraiter	maltratar *v.*
manger	comer *v.*
manière	manera *n.f.*
marché	mercado *n.m.*
mariage	matrimonio *n.m.*
match	partido *n.m.*
matière (scolaire)	asignatura *n.f.*
méchant, e	malo, a *adj.*
mécontent, e	descontento, a *adj.*
mendier	mendigar *v.*
mer	mar *n.m.*
merveilleux, euse	maravilloso, a *adj.*
message	mensaje *n.m.*
métier	oficio *n.m.*
mettre	poner (-go) *v.irrég.*
mettre du temps (à)	tardar (en) *v.*
mince	delgado, a *adj.*
mois	mes *n.m.*
montagne	montaña *n.f.*
monter	subir *v.*
montrer	enseñar *v.*; mostrar [ue] *v.irrég.*
musée	museo *n.m.*

N

nager	nadar *v.*
naître	nacer (-zco) *v.irrég.*
nappe	mantel *n.m.*
nativité	navidad *n.f.*
nature	naturaleza *n.f.*
nettoyer	fregar [ie] *v.irrég.*, limpiar *v.*
Noël	Navidad *n.f.*
nombreux, euse	numeroso, a *adj.*
noter	apuntar *v.*
nouvelle	noticia *n.f.*

O

œil	ojo *n.m*
offrir	regalar *v.*
oiseau	pájaro *n.m.*
ondulé, e	ondulado, a *adj.*
opinion	opinión *n.f.*
orange	naranja *n.f.* (fruit); naranja *adj.* (couleur)
oranger	naranjo *n.m.* (arbre)
ordinateur	ordenador *n.m.*
ordre	orden *n.f.*
oreille	oreja *n.f.*
origine	origen *n.m.*
outil	herramienta *n.f.*

P

pain	pan *n.m.*
palais	palacio *n.m.*
panneau	señal *n.f.*
parc	parque *n.m.*
parcourir	recorrer *v.*
parfois	a veces *adv.*
passe-temps	afición *n.f.*, pasatiempo *n.m.*
patience	paciencia *n.f.*
pauvre	pobre *adj.*
pauvreté	pobreza *n.f.*
paysage	paisaje *n.m.*
peindre	pintar *v.*
peintre	pintor, a *n.*
peinture	pintura *n.f.*
pèlerin	peregrino, a *n.*
perroquet	loro *n.m.*
petit, e	bajo, a; pequeño, a *adj.*
peur	miedo *n.m.*
place	plaza *n.f.*

planifier	planear, planificar *v.*
pleurer	llorar *v.*
pleuvoir	llover [ue] *v.irrég.*
plombier	fontanero, a *n.*
pluie	lluvia *n.f.*
poisson	pez *n.m.*
pompier, ière	bombero, a *n.*
population	población *n.f.*
porter	llevar *v.*
poule	gallina *n.f.*
poupée	muñeca *n.f.*
poursuivre	perseguir [i] *v.irrég.*
pouvoir	poder [ue] *v.irrég.*
préféré, e	favorito, a; preferido, a *adj.*
préférer	preferir [ie] *v.irrég.*
prendre du temps (à)	tardar (en) *v.*
prêt, e	listo, a *adj.*
prêter	prestar *v.*
prêtre	sacerdote *n.m.*
prise électrique	enchufe *n.m.*
prison	cárcel *n.f.*
prochain, e	próximo, a *adj.*
profiter de	disfrutar de *v.*, aprovechar *v.*
projet	proyecto *n.m.*
promenade	paseo *n.m.*
promouvoir	fomentar *v.*
protéger	proteger *v.*
publicité	anuncio *n.m.*
pull	jersey *n.m.*
punir	castigar *v.*

Q

quelqu'un	alguien *adv.*

R

raconter	contar [ue] *v.irrég.*
randonnée	senderismo *n.m.*
réagir	reaccionar *v.*
remplir	llenar *v.*
rencontrer	encontrar [ue] *v.irrég.*
renforcer	fortalecer *v.*
renoncer	renunciar *v.*
répéter	repetir [i] *v.irrég.*
repos	descanso *n.m.*
résoudre	resolver [ue] *v.irrég.*
respect	respeto *n.m.*
respecter	respetar *v.*
retard	retraso *n.m.*
retour	vuelta *n.f.*
réussir	conseguir [i] *v.irrég.*
rêve	sueño *n.m.*
rêver de	soñar [ue] con *v.irrég.*
rêveur, euse	soñador, a *adj.*
riche	rico, a *adj.*
rire	reírse [i] *v.irrég.*
risque	riesgo *n.m.*
robe	vestido *n.m.*
rouge	rojo, a *adj.*
route	carretera *n.f.*
roux, rousse	pelirrojo, a *adj.*
ruban	cinta *n.f.*

S

s'amuser	divertirse [ie] *v.irrég.*, pasarlo bien *v.*
s'approcher	acercarse *v.*
s'arrêter	pararse *v.*
s'asseoir	sentarse [ie] *v.irrég.*
s'échapper	escaparse *v.*
s'endormir	dormirse [ue] *v.irrég.*
s'engager	comprometerse *v.*
s'ennuyer	aburrirse *v.*
s'entendre bien/mal	llevarse bien/mal *v.*
s'entraîner	entrenarse *v.*
s'inscrire	registrarse *v.*, apuntarse *v.*
s'occuper de	cuidar (a/de) *v.*
s'orienter	orientarse *v.*
sac à dos	mochila *n.f.*
sac	bolso *n.m.*
sacoche	cartera *n.f.*
saison	estación *n.f.*
salle à manger	comedor *n.m.*
salle de classe	aula *n.f.*
salon de coiffure	peluquería *n.f.*
sauver	salvar *v.*
scolaire	escolar *adj.*
se baigner	bañarse *v.*
se battre	pelear *v.*
se cacher	esconderse *v.*
se consacrer à	dedicarse a *v.*
se disputer	discutir, regañar, reñirse [i] *v.irrég.*
se lever	levantarse *v.*
se mêler	meterse *v.*
se mettre à	echar a *v.*
se mettre en colère	enfadarse *v.*
se moquer	burlarse *v.*
se perdre	perderse [ie] *v.irrég.*
se plaindre	lamentarse, quejarse *v.*
se promener	pasearse *v.*
se rappeler	recordar [ue] *v.irrég.*
se refroidir	enfriarse *v.*
se réfugier	refugiarse *v.*
se reposer	descansar *v.*
se réveiller	despertarse [ie] *v.irrég.*
se sentir seul, e	sentirse [ie] solo, a *v.irrég.*
se souvenir	recordar [ue] *v.irrég.*
se tromper	equivocarse *v.*
signe	señal *n.f.*
simple	sencillo, a *adj.*
soigner	curar *v.*
sol	suelo *n.m.*
solidarité	solidaridad *n.f.*
soudain	de pronto *adv.*
sourd, e	sordo, a *adj.*
souvenir	recuerdo *n.m.*
sport	deporte *n.m.*
sportif, ive	deportista *n.*, deportivo, a *adj.*
stade	estadio *n.m.*
suivre	seguir [i] *v.irrég.*
surfer (sur Internet)	navegar (por Internet) *v.*
surgir	surgir (-jo) *v.irrég.*
surligneur	rotulador *n.m.*
surveillant, e	vigilante *n.*
surveiller	vigilar *v.*
survêtement	chándal *n.m.*

T

table	mesa *n.f.*
tableau (école)	pizarra *n.f.*
tableau	cuadro *n.m.*
tâche (devoir)	tarea *n.f.*
tâche ménagère	tarea doméstica *n.f.*
télécharger	descargar, subir *v.*
téléphone portable	móvil *n.m.*
tempête	tormenta *n.f.*
terminer	acabar *v.*
terrain (de sport)	campo *n.m.*
terrorisé, e	aterrorizado, a *adj.*
tir à l'arc	tiro con arco *n.m.*
toit	tejado *n.m.*
tortue	tortuga *n.f.*
toujours	siempre *adv.*
traduire	traducir (-zco) *v.irrég.*
travailleur, euse	trabajador, a *n./adj.*
travaux manuels	manualidades *n.f.pl.*
traverser	cruzar *v.*
tristesse	tristeza *n.f.*
trousse	estuche *n.m.*

V

vélo	bicicleta *n.f.*
vendre	vender *v.*
venir de (faire qqch.)	acabar de *v.*
vérité	verdad *n.f.*
veste	chaqueta *n.f.*
vêtement	ropa *n.f.*, vestido *n.m.*
vêtir	vestir [i] *v.irrég.*
vide	vacío, a *adj.*
village	pueblo *n.m.*
ville	ciudad *n.f.*
voiture	coche *n.m.*
voleur, euse	ladrón, ona *n.*
vouloir	querer [ie] *v.irrég.*
voyageur, euse	viajero, a *n.*
vrai, e	verdadero, a *adj.*

W

week-end	fin de semana *n.m.*; finde *n.m.* *(fam.)*